MW00888252

Programme canadien complet

2ᵉ année

Mathématiques
Français
Sciences sociales
Sciences

Imprimé en Chine

ISBN : 978-1-77149-227-0

Table des matières 2e année

Mathématiques

Français

Sciences sociales

Sciences

Réponses

Mathématiques

* La pièce de 1 cent canadien n'est plus en circulation. Elle sert à représenter des sommes d'argent à la centaine près dans les unités.

Les nombres de 1 à 20

J'ai douze beignets.

- Compter et écrire les nombres jusqu'à 20.
- Écrire les nombres en lettres jusqu'à 20.
- Comparer et ordonner les nombres jusqu'à 20.
- Additionner et soustraire les nombres jusqu'à 18.

Compte et écris les nombres.

①

②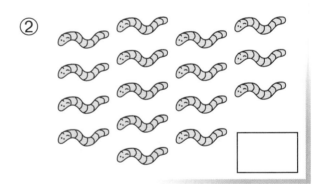

③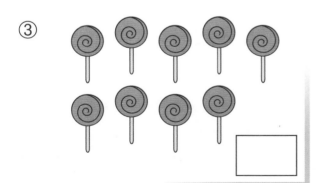

④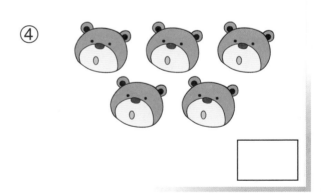

⑤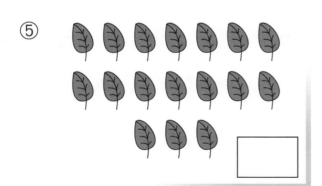

⑥

Écris les nombres en lettres.

⑦ 14 _____

⑧ 8 _____

⑨ 16 _____

⑩ 19 _____

⑪ 20 _____

⑫ 11 _____

⑬ 7 _____

⑭ 12 _____

Complète les mots croisés avec les nombres écrits en lettres.

⑮

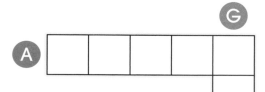

A après 2

B avant 19

C avant 20

D avant 12

E après 19

F après 11

G après 15

Colorie le nombre supérieur.

⑯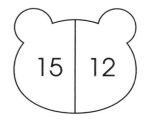
15 | 12

⑰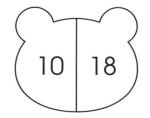
10 | 18

⑱
6 | 11

Mets les nombres dans l'ordre, du plus petit au plus grand.

⑲   6   5   11   10

_____

⑳   17   14   9   20

_____

㉑   15   8   13   19

_____

㉒   5   16   12   18

_____

Remplis les blancs avec les nombres manquants.

㉓   9 _____ _____ 12 _____ _____ 15 _____ _____ 18

㉔   16 _____ 14 _____ _____ 11 _____ 9 _____ _____

㉕   11 _____ _____ 14 15 _____ _____ 18 _____ _____

Additionne ou soustrais.

㉖
$$\begin{array}{r} 9 \\ +\ \ 3 \\ \hline \end{array}$$

㉗
$$\begin{array}{r} 15 \\ -\ \ 8 \\ \hline \end{array}$$

㉘
$$\begin{array}{r} 11 \\ -\ \ 6 \\ \hline \end{array}$$

㉙   8 + 8 = _____

㉚   10 − 9 = _____

㉛   7 + 4 = _____

㉜   12 − 7 = _____

㉝   17 − 9 = _____

㉞   5 + 6 = _____

Quelques mots te disent s'il faut additionner ou soustraire.

- Des mots-clés pour l'**addition** : de plus que, additionne, somme, en tout, au total, ensemble

- Des mots-clés pour la **soustraction** : de moins que, moins de, enlever, qui reste, reste-t-il

Souligne les mots-clés dans les questions. Ensuite, résous les problèmes.

㉟ David a 7 billes vertes et 5 billes rouges. Combien de billes a-t-il en tout?

_____ billes

㊱ Ted a 16 robots. S'il en donne 9 à David, combien de robots lui reste-t-il?

_____ robots

㊲ Jason a 4 autocollants de plus que Nancy. Si Nancy a 9 autocollants, combien d'autocollants Jason possède-t-il?

_____ autocollants

㊳

Jane a 12 beignets. Si je mange 8 beignets, combien de beignets lui reste-t-il?

_____ beignets

Les nombres de 21 à 100

- Compter et écrire les nombres jusqu'à 100.
- Comparer et ordonner les nombres jusqu'à 100.
- Compter par bonds de 1, de 2, de 5, de 10 et de 25.
- Identifier la valeur d'un chiffre dans un nombre à 2 chiffres.

2 est dans la colonne des dizaines et 0 est dans la colonne des unités. Je peux avoir vingt sucettes.

2 est dans la colonne des unités. J'ai seulement deux sucettes.

Compte et écris les nombres.

①

②

Colorie le nombre inférieur.

③
15   33

④
24   19

⑤
82   78

⑥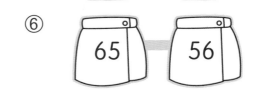
65   56

Mets les nombres dans l'ordre, du plus grand au plus petit.

⑦   42   57   60   49   _____

⑧   84   68   48   80   _____

⑨   35   50   53   33   _____

Encercle les objets. Ensuite, remplis les blancs.

⑩   Encercle les objets par groupes de 2.

     a.   Il y a _____ groupes de 2.

     b.   Il y a _____ ampoules en tout.

⑪   Encercle les objets par groupes de 5.

     a.   Il y a _____ groupes de 5.

     b.   Il y a _____ vis en tout.

Compte par bonds de 1, de 2, de 5, de 10 ou de 25 pour calculer la valeur de chaque groupe.

⑫

_____ ¢ en tout

⑬

_____ ¢ en tout

⑭

_____ ¢ en tout

⑮

_____ ¢ en tout

⑯

_____ ¢ en tout

⑰

_____ ¢ en tout

Remplis les blancs avec les nombres manquants.

⑱ 5   10   15   25   30   45

⑲ 10   20   40      60   70   80

⑳ 46   48   54   56      60   62

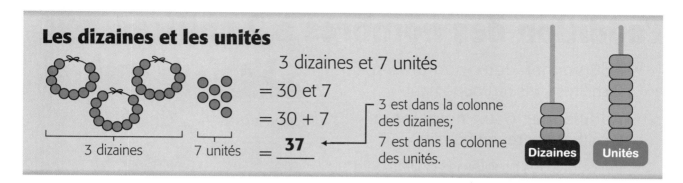

Les dizaines et les unités

3 dizaines et 7 unités

= 30 et 7

= 30 + 7

= **37** ◄—— 3 est dans la colonne des dizaines;
7 est dans la colonne des unités.

3 dizaines   7 unités

Dizaines   Unités

Regarde les images. Remplis les blancs. Ensuite, dessine des perles pour montrer la valeur des nombres.

㉑

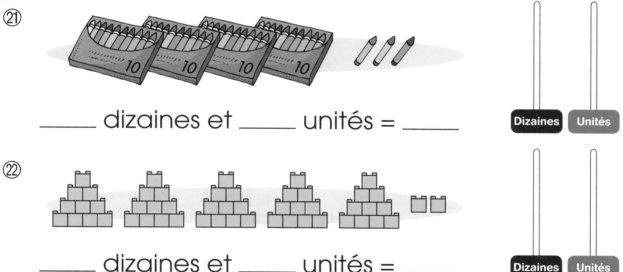

_____ dizaines et _____ unités = _____

Dizaines   Unités

㉒

_____ dizaines et _____ unités = _____

Dizaines   Unités

Remplis les blancs.

㉓ 73 = _____ dizaines _____ unités

㉔ _____ = 2 dizaines 8 unités

㉕ 65 = _____ dizaines _____ unités

㉖ _____ = 9 dizaines 1 unité

Lis ce que dit Jill. Résous le problème.

㉗ J'ai 3 groupes de dizaines et 2 groupes d'unités. Combien de bonbons est-ce que j'ai en tout?

_____ bonbons

L'addition des nombres à 2 chiffres

- Additionner deux nombres à 2 chiffres sans regroupement.
- Additionner deux nombres à 2 chiffres par regroupement.
- Résoudre des problèmes qui incluent l'addition de nombres à 2 chiffres.

J'ai 45 bananes.

$$\begin{array}{r} 1\ 9 \\ +\ 2\ 6 \\ \hline 4\ 5 \end{array}$$

Effectue les additions.

①
Dizaines	Unités
3	5
+ 1	2

②
Dizaines	Unités
4	3
+ 2	1

③
Dizaines	Unités
3	6
+	3

④
Dizaines	Unités
2	7
+ 6	2

⑤
Dizaines	Unités
5	3
+ 4	4

⑥
Dizaines	Unités
	5
+ 8	0

⑦ 34 + 51 = _____

⑧ 62 + 10 = _____

⑨ 15 + 23 = _____

⑩ 45 + 42 = _____

⑪ 20 + 18 = _____

⑫ 14 + 63 = _____

⑬ 7 + 42 = _____

⑭ 37 + 2 = _____

⑮ 61 + 11 = _____

⑯ 23 + 43 = _____

⑰ 4 + 52 = _____

⑱ 18 + 81 = _____

Effectue les additions.

⑲
$$\begin{array}{r} 3\ 5 \\ +\ 2\ 8 \\ \hline \end{array}$$

⑳
$$\begin{array}{r} 4\ 7 \\ +\ 2\ 9 \\ \hline \end{array}$$

㉑
$$\begin{array}{r} 1\ 8 \\ +\ 5\ 4 \\ \hline \end{array}$$

㉒
$$\begin{array}{r} 4\ 3 \\ +\ 3\ 9 \\ \hline \end{array}$$

㉓
$$\begin{array}{r} 2\ 4 \\ +\ 2\ 9 \\ \hline \end{array}$$

㉔
$$\begin{array}{r} 6\ 3 \\ +\ 1\ 7 \\ \hline \end{array}$$

㉕ $28 + 28 = $ _____

㉖ $45 + 39 = $ _____

㉗ $14 + 56 = $ _____

㉘ $37 + 26 = $ _____

Effectue les additions. Ensuite, colorie le chat et le poisson qui ont la même réponse pour trouver quels chats n'ont pas de poisson à manger.

㉙

$$\begin{array}{r} 2\ 4 \\ +\ 1\ 9 \\ \hline \end{array}$$

$$\begin{array}{r} 5\ 3 \\ +\ 3\ 7 \\ \hline \end{array}$$

$$\begin{array}{r} 4\ 8 \\ +\ 4\ 8 \\ \hline \end{array}$$

$62 + 28 = $ _____

$25 + 16 = $ _____

$9 + 49 = $ _____

$33 + 8 = $ _____

Utilise une flèche pour indiquer le nombre sur la droite numérique et encercle le bon nombre. Ensuite, arrondis le nombre à la dizaine près.

㉚

32

a.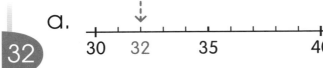

b. 32 est plus près de   30 / 40   ; 32 est arrondi à _____ .

㉛

69

a.

b. 69 est plus près de   60 / 70   ; 69 est arrondi à _____ .

㉜

44

a.

b. 44 est plus près de   40 / 50   ; 44 est arrondi à _____ .

Arrondis chaque nombre à la dizaine près pour compléter l'estimation. Ensuite, trouve la réponse exacte.

㉝

```
    3 9
  + 5 3
  -------
```

Estimer

+ _____

㉞

```
    4 8
  + 1 7
  -------
```

Estimer

_____

㉟

```
    8 1
  + 1 2
  -------
```

Estimer

_____

㊱

```
    5 9
  + 2 4
  -------
```

Estimer

_____

Regarde les images. Réponds aux questions.

(37)  Combien de poupées y a-t-il en tout?

_____ poupées

_____

(38)

J'ai 46 autocollants.

Katie a 6 autocollants de plus que Lucy. Combien d'autocollants a-t-elle?

_____ autocollants

_____

(39)  Combien 2 girafes coûtent-elles?

_____ ¢

_____

(40)

J'ai donné 36 bananes à chacun de mes deux amis.
Combien de bananes mes amis ont-ils en tout?

_____ = _____

_____ bananes

Il reste 39 sucettes.

La soustraction des nombres à 2 chiffres

- Soustraire des nombres à 1 chiffre et à 2 chiffres avec et sans retenue.

- Estimer la réponse en arrondissant chaque nombre à la dizaine près.

Effectue les soustractions.

①
Dizaines	Unités
4	6
− 1	2

②
Dizaines	Unités
9	7
− 3	6

③
Dizaines	Unités
7	3
− 2	0

④ 84 − 31 = _____

⑤ 62 − 21 = _____

⑥ 77 − 73 = _____

⑦ 55 − 43 = _____

⑧ 68 − 56 = _____

⑨ 89 − 76 = _____

⑩ Sam a 38 bonbons. S'il mange 15 bonbons, combien de bonbons lui reste-t-il?

_____ bonbons

⑪ Ted a 75 voitures et Tom a 12 voitures de moins. Combien de voitures Tom a-t-il?

_____ voitures

Effectue les soustractions.

⑫
```
    4  17
    5̶  7̶
  − 2  9
  _____
```

⑬
```
    5  13
    6̶  3̶
  − 2  4
  _____
```

⑭
```
    4  14
    5̶  4̶
  − 3  8
  _____
```

⑮
```
    7  0
  − 3  6
  _____
```

⑯
```
    8  1
  − 4  9
  _____
```

⑰
```
    4  2
  − 3  4
  _____
```

⑱ 47 − 29 = _____

⑲ 84 − 66 = _____

⑳ 53 − 36 = _____

㉑ 72 − 47 = _____

㉒ 62 − 48 = _____

㉓ 34 − 16 = _____

㉔

Nombre de billets vendus

dim. : 94 billets   lun. : 39 billets   mar. : 46 billets

a. Combien de billets de plus ont-ils été vendus dimanche que lundi?

b. Combien de billets de moins ont-ils été vendus lundi que mardi?

_____ de plus

_____ de moins

Utilise une flèche pour trouver le nombre sur la droite numérique. Encercle le bon nombre. Ensuite, estime et trouve la réponse exacte.

㉕

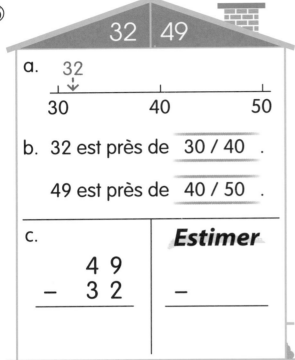

32 | 49

a. 32
   ↓

   |————|————|————|
   30   40   50

b. 32 est près de   30 / 40 .

   49 est près de   40 / 50 .

c. | **Estimer**
        4 9 |
     − 3 2 | −

㉖

76 | 93

a.

   |————|————|————|
   70   80   90   100

b. 76 est près de   70 / 80 .

   93 est près de   90 / 100 .

c. | **Estimer**
        9 3 |
     − 7 6 | −

Estime. Ensuite, complète les réponses exactes.

㉗   **Estimer**

        4 6
     − 1 8   _____

㉘   **Estimer**

        7 2
     − 5 4   _____

㉙   **Estimer**

        5 7
     − 3 3   _____

㉚   **Estimer**

        8 4
     − 4 9   _____

Trouve combien de bonbons il y a dans chaque machine. Ensuite, réponds aux questions.

③①

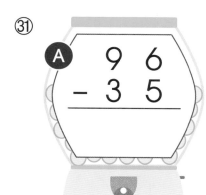

A
$$\begin{array}{r} 9\ 6 \\ -\ 3\ 5 \\ \hline \end{array}$$

B
$$\begin{array}{r} 7\ 1 \\ -\ 2\ 8 \\ \hline \end{array}$$

C
$$\begin{array}{r} 8\ 0 \\ -\ \ \ 4 \\ \hline \end{array}$$

③② Quelle machine a le plus de bonbons? _____

③③ Quelle machine a le moins de bonbons? _____

③④ Combien de bonbons de plus y a-t-il dans **A** que dans **B** ?

_____ de plus

_____

③⑤ Combien de bonbons de moins y a-t-il dans **B** que dans **C** ?

_____ de moins

_____

③⑥

J'ai mangé 16 bonbons. Combien de bonbons lui reste-t-il?

_____ bonbons

_____

Plus sur l'addition et la soustraction

- Estimer la réponse en arrondissant chaque nombre à la dizaine près.
- Utiliser l'addition pour vérifier la réponse d'une question de soustraction.
- Comprendre le lien entre l'addition et la soustraction.

Arrondis chaque nombre à la dizaine près pour estimer la réponse. Ensuite, trouve la réponse exacte.

①   *Estimer*

$$\begin{array}{r} 4\,7 \\ +\,3\,8 \\ \hline \end{array}$$

②   *Estimer*

$$\begin{array}{r} 6\,3 \\ -\,2\,5 \\ \hline \end{array}$$

③   *Estimer*

$$\begin{array}{r} 5\,3 \\ -\,2\,9 \\ \hline \end{array}$$

④   *Estimer*

$$\begin{array}{r} 1\,1 \\ +\,8\,4 \\ \hline \end{array}$$

⑤   *Estimer*

$$\begin{array}{r} 6\,8 \\ -\,1\,7 \\ \hline \end{array}$$

⑥   *Estimer*

$$\begin{array}{r} 7\,6 \\ +\quad 9 \\ \hline \end{array}$$

Utilise l'addition pour vérifier chaque réponse. Si la réponse est bonne, coche ✔ le poisson, sinon barre ✘ et écris la bonne réponse.

⑦
```
  9 5
- 6 3
-----
  3 2
```

Vérifier
```
  6 3
+ 3 2
-----
```

Si c'est 95, cela veut dire que la réponse de 32 est correcte, sinon complète la soustraction de nouveau.

⑧
```
  7 4
- 2 9
-----
  5 5
```

Vérifier
```
  2 9
+ 5 5
-----
```

Si c'est 74, cela veut dire que la réponse de 55 est correcte, sinon complète la soustraction de nouveau.

⑨
```
  6 7
- 2 8
-----
  3 9
```

Vérifier

+ _____

⑩
```
  5 2
- 1 4
-----
  4 8
```

Vérifier

+ _____

⑪
```
  7 8
- 4 9
-----
  2 7
```

Vérifier

+ _____

⑫
```
  4 1
- 1 6
-----
  3 5
```

Vérifier

+ _____

Résous les problèmes. Ensuite, utilise l'addition pour vérifier les réponses.

⑬ Mme Green a 75 timbres. Si 37 timbres sont pour les filles, combien de timbres sont pour les garçons?

Vérifier

_____ timbres

⑭ Amy a besoin de 61 jours pour tricoter une écharpe. Katie a besoin de 4 jours de moins. De combien de jours Katie a-t-elle besoin pour tricoter une écharpe?

Vérifier

_____ jours

⑮ Éric a 82 porte-clés. S'il donne 16 porte-clés à sa sœur, combien de porte-clés lui reste-t-il?

Vérifier

_____ porte-clés

⑯ Le fermier Joe va installer 96 poteaux autour de son champ. S'il y a 49 poteaux installés, combien de poteaux de plus aura-t-il besoin d'installer?

Vérifier

_____ de plus

Écrire les familles d'opérations :

Il y a 4 opérations dans chaque famille. Chaque opérations utilise les mêmes 3 nombres.

4 opérations :

$25 + 16 = 41$
$16 + 25 = 41$
$41 - 25 = 16$
$41 - 16 = 25$

Écris les familles d'opérations correspondantes.

⑰

$17 + 56 = 73$

_____ + _____ = _____

_____ − _____ = _____

_____ − _____ = _____

⑱

$90 - 28 = 62$

_____ + _____ = _____

_____ + _____ = _____

_____ − _____ = _____

Écris les 4 opérations pour chaque famille de nombres.

⑲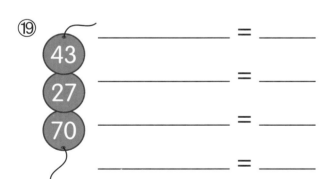

_____ = _____

_____ = _____

_____ = _____

_____ = _____

⑳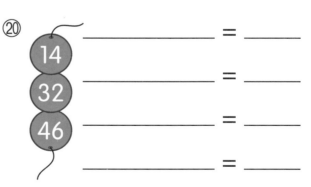

_____ = _____

_____ = _____

_____ = _____

_____ = _____

㉑

_____ = _____

_____ = _____

_____ = _____

_____ = _____

L'heure et la température

Cela m'a pris une heure pour finir toutes les friandises.

- Décrire le lien entre les jours et les semaines ainsi que les mois et les années.
- Dire et écrire l'heure jusqu'au quart d'heure.
- Identifier des intervalles de temps.
- Mesurer la température à l'aide d'un thermomètre.

Lis les indices donnés et écris les informations manquantes sur le calendrier. Ensuite, remplis les blancs.

① **Horaire de Judy** mois après avril l'année après 2018

LUN			JEU		SAM	DIM
		1	2	3	☀	☀
☀	☀	☀	☀	☀	11	12
13	14			17		
20	21		23			
27		29		31		

☀ Camp d'été

▢ Chez grand-maman

② Le camp d'été s'est déroulé du _____ jusqu'au _____ . Il a duré ____ jours ou ____ semaine.

③ Judy a rendu visite à sa grand-maman du _____ jusqu'au _____ . Elle lui a rendu visite pendant ____ jours ou ____ semaines.

Complète les mots croisés avec les noms des mois.

④

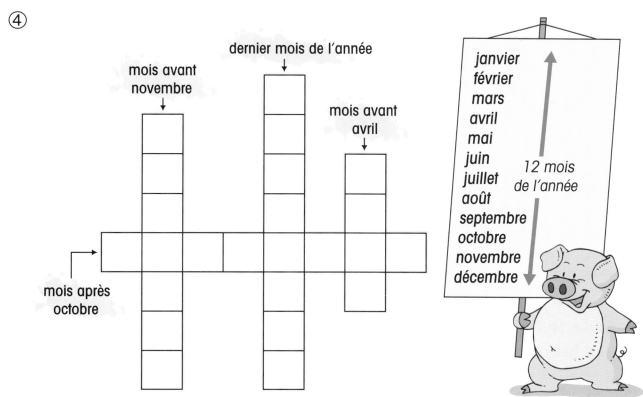

Écris les âges des bébés en mois. Ensuite, réponds aux questions.

⑤ A J'ai 1 an et 2 mois.

_____ mois

B J'ai 1 an.

_____ mois

C J'ai 1 an et 5 mois.

_____ mois

D J'aurai 1 an le mois prochain.

_____ mois

⑥ Quel bébé est le plus jeune? _____

⑦ Lequel est le plus âgé? _____

Dis l'heure de deux manières.

⑧

Ⓐ 8 h _____ ; _____ heures et quart

Ⓑ _____ h 45 ; _____ heures moins le quart

Ⓒ _____ ; _____

Ⓓ _____ ; _____

Dessine les aiguilles des horloges pour montrer l'heure. Ensuite, trouve les intervalles.

⑨ a.

b. Les filles ont pris _____ heure pour faire la vaisselle.

⑩ a.

b. Julia a pris _____ minutes pour terminer son repas.

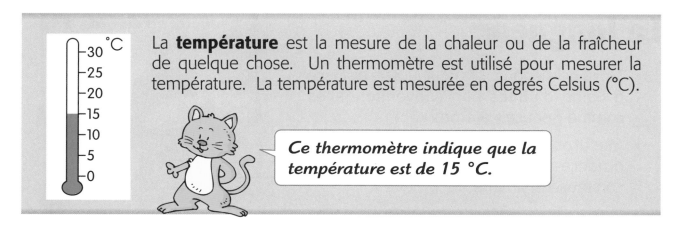

La **température** est la mesure de la chaleur ou de la fraîcheur de quelque chose. Un thermomètre est utilisé pour mesurer la température. La température est mesurée en degrés Celsius (°C).

Ce thermomètre indique que la température est de 15 °C.

Note les températures. Ensuite, choisis les vêtements correspondants. Écris les lettres.

⑪

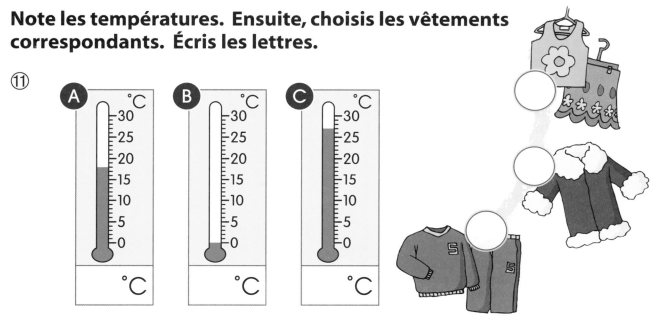

Colorie le thermomètre pour montrer la température. Ensuite, encercle les bonnes réponses.

⑫

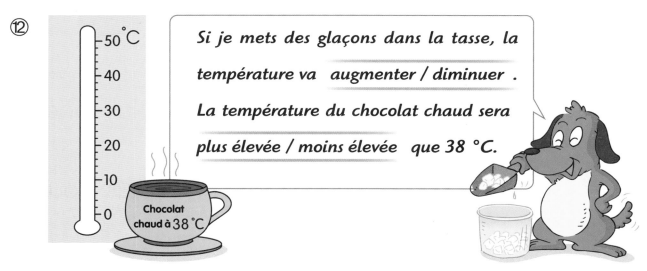

Si je mets des glaçons dans la tasse, la température va augmenter / diminuer .

La température du chocolat chaud sera plus élevée / moins élevée que 38 °C.

La longueur

- Mesurer la longueur, la hauteur et la distance à l'aide d'unités non conventionnelles comme « pouce » et « pas ».

- Mesurer la longueur, la hauteur et la distance à l'aide d'unités conventionnelles comme « centimètre » et « mètre ».

La hauteur de la fenêtre est de 1 m.

La fenêtre est aussi large que mes bras. C'est un peu plus large que 1 m.

Utilise ton pouce pour mesurer et noter la longueur des rubans. Ensuite, réponds aux questions.

①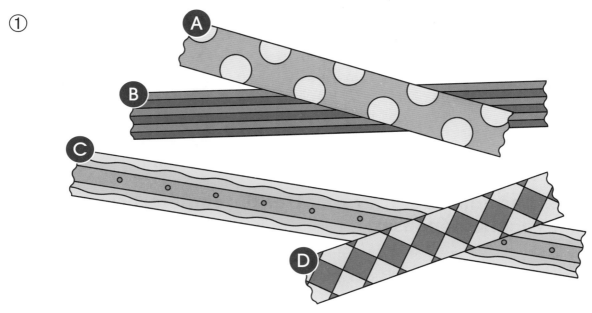

A ____ pouces

B ____ pouces

C ____ pouces

D ____ pouces

② Le ruban le plus long :

____

③ Le ruban le plus court :

____

Regarde les différentes façons par lesquelles les enfants mesurent les objets. Remplis les blancs pour compléter ce qu'ils disent et encercle les bonnes réponses.

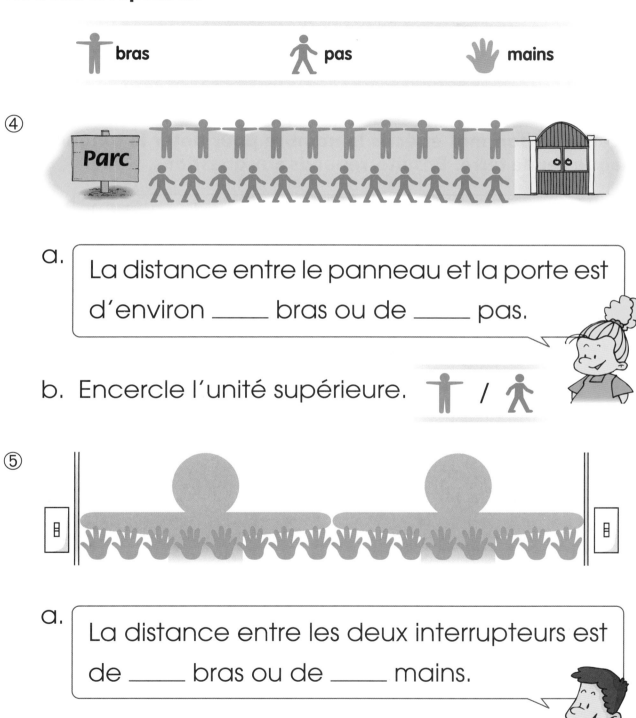

bras   pas   mains

④

a. La distance entre le panneau et la porte est d'environ ____ bras ou de ____ pas.

b. Encercle l'unité supérieure. 🧍 / 🚶

⑤

a. La distance entre les deux interrupteurs est de ____ bras ou de ____ mains.

b. Encercle l'unité inférieure. 🧍 / ✋

Le **mètre (m)** et le **centimètre (cm)** sont des unités utilisées pour mesurer la longueur.

p. ex. — 2 m — Un lit est d'environ 2 m de long.

Un trombone est d'environ 3 cm de long. 3 cm

Encercle le bon mot et écris le nombre pour noter la longueur de chaque ver de terre. Ensuite, réponds aux questions.

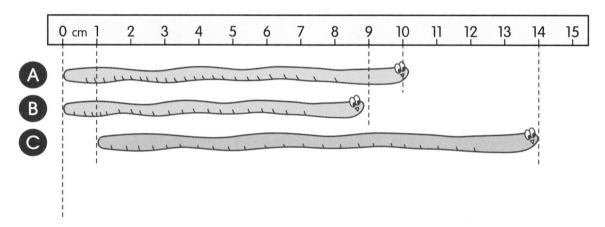

⑥ **A** : un peu plus long / court que _____

 B : un peu plus long / court que _____

 C : _____ de long

⑦ Quel ver de terre est le plus long? _____

⑧ D'environ quelle longueur **C** est-il plus long que **A**?

_____

⑨ Dessine en dessous de **C** un ver de terre qui est un peu plus long que 7 cm.

Trace les pointillés pour compléter la grille. Ensuite, remplis les blancs et réponds à la question.

⑩
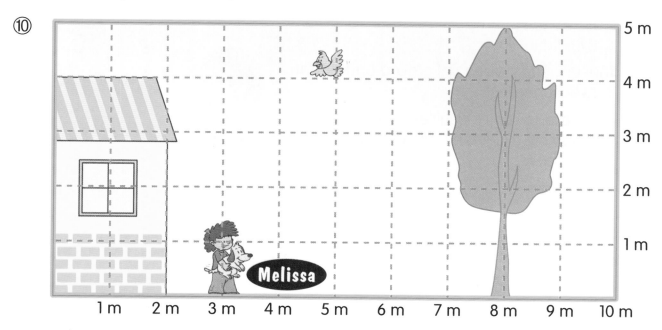

⑪ La maison est de _____ m de haut et l'arbre est de _____ m de haut.

⑫ Melissa est un peu plus **grande / petite** que 1 m.

⑬ La distance entre la maison et Melissa est de _____ .

⑭ Melissa et l'arbre sont à _____ l'un de l'autre.

⑮ L'oiseau vole à _____ au-dessus de la terre.

⑯ L'arbre est d'environ _____ de large.

⑰
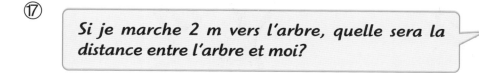

Si je marche 2 m vers l'arbre, quelle sera la distance entre l'arbre et moi?

_____

Le périmètre et l'aire

- Mesurer des périmètres à l'aide d'unités non conventionnelles.

- Mesurer des aires à l'aide d'unités non conventionnelles.

- Décrire le lien entre la taille d'une unité d'aire et le nombre d'unités nécessaires pour couvrir une surface.

L'aire du trou est d'environ 10 tuiles.

Quelles images montrent la mesure du périmètre correctement? Coche ✔ les lettres.

①

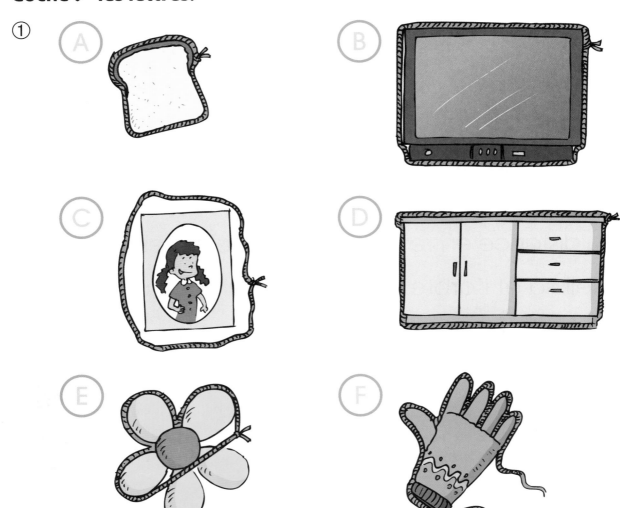

A

B

C

D

E

F

Regarde combien de choses sont nécessaires pour mesurer le périmètre de chaque objet. Compte et note les mesures.

②

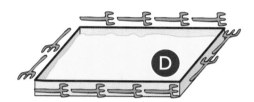

Le périmètre

A : environ _____ 🖇 de long

B : environ _____ 🏷 de long

C : environ _____ 🩹 de long

D : environ _____ de long

E : environ _____ de long

F : environ _____ de long

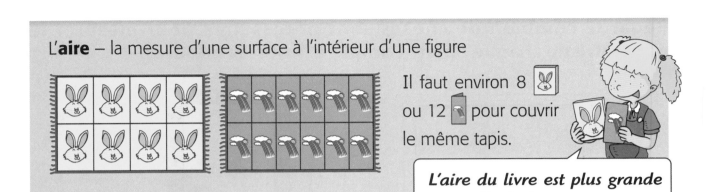

L'**aire** – la mesure d'une surface à l'intérieur d'une figure

Il faut environ 8 📕 ou 12 📄 pour couvrir le même tapis.

L'aire du livre est plus grande que celle de la carte.

Compte et écris le nombre de pièces qui sont utilisées pour couvrir le même set de table. Ensuite, réponds aux questions.

③

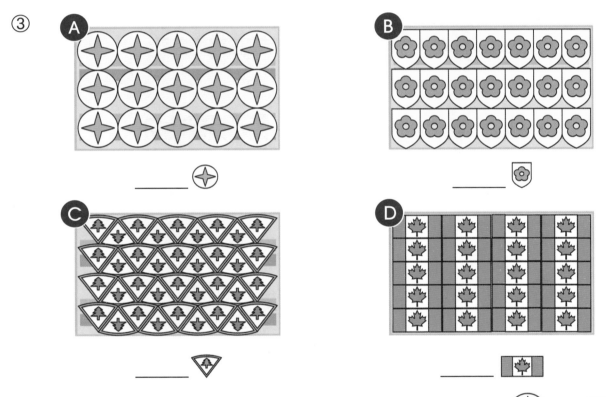

④ Quelle pièce couvre le plus d'espace?

⑤ S'il faut 18 🇨🇦 pour couvrir un napperon, l'aire du napperon est-elle plus grande ou plus petite que celle du set de table? _____

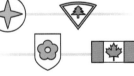

Parfois, nous avons besoin de rejoindre quelques parties.

- ◺ et ◹ font ▭ .

- ▯ et ▯ font ▭ .

Il faut 8 carrés pour couvrir le monstre.

Colorie chaque figure. Dessine des lignes pour compléter la grille. Trouve l'aire de chaque figure. Ensuite, réponds aux questions.

⑥

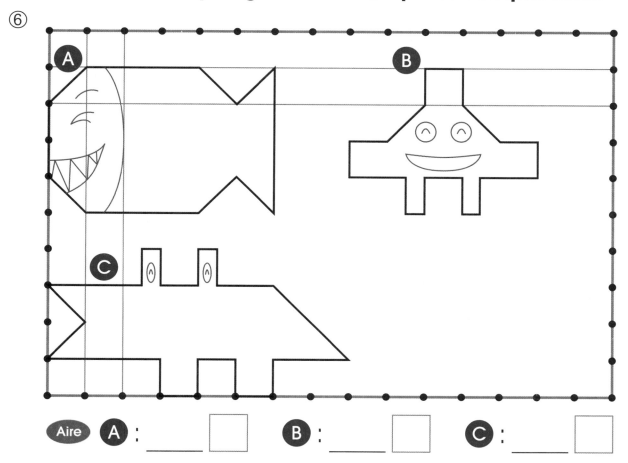

Aire **A** : _____ ▭   **B** : _____ ▭   **C** : _____ ▭

⑦ Quelle figure a la plus grande aire?

_____

⑧ *Peux-tu dessiner une figure d'une aire de 13 unités carrées dans la grille ci-dessus?*

9

L'argent

J'ai trouvé 25 cents.

- Nommer et donner la valeur de pièces de monnaie.
- Écrire des sommes d'argent jusqu'à 100 ¢.
- Faire une collecte de pièces de monnaie égale à 1 $.

Nomme les pièces de monnaie. Ensuite, écris leurs valeurs.

| 10 cents | 1 cent | 5 cents | 1 dollar | 25 cents | 2 dollars |

① _____ $ **une pièce de** _____

② _____ ¢   **une pièce de** _____

③ _____ ¢   **une pièce de** _____

④ _____ ¢   **une pièce de** _____

⑤ _____ $ **une pièce de** _____

⑥ _____ ¢   **une pièce de** _____

Coche ✔ les bonnes réponses.

⑦ Quelles pièces de monnaie ont une valeur plus grande que 10 cents?

Ⓐ Ⓑ Ⓒ

⑧ Quelles pièces de monnaie ont une valeur plus petite que 25 cents?

Ⓐ Ⓑ Ⓒ

Calcule la valeur de chaque groupe.

⑨

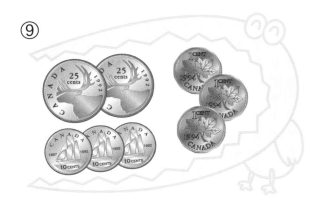

_____

⑩

_____

Dessine le plus petit nombre de pièces de monnaie nécessaires pour représenter le prix de chaque jouet.

 **25 ¢**

 **10 ¢**

 **5 ¢**

 **1 ¢**

⑪

48 ¢

_____

⑫

66 ¢

_____

⑬

87 ¢

Dessine différentes pièces de monnaie pour représenter la même valeur.

⑭

⑮

Coche ✔ le bon nombre de pièces de monnaie pour qu'elles correspondent aux descriptions données.

⑯ 5 pièces de monnaie
– une valeur de 66 ¢

⑰ 8 pièces de monnaie
– une valeur de 52 ¢

Barre X le nombre de pièces de monnaie pour que chaque groupe vaille 1 $.

⑱

⑲

Lis ce que disent les enfants. Réponds à leurs questions. Montre ton travail.

⑳

J'ai 3 pièces de 25 ¢, 2 pièces de 5 ¢ et 4 pièces de 1 ¢. Combien d'argent est-ce que je possède?

Nancy

25 ¢

Nancy a _____ ¢.

㉑

J'avais 2 pièces de 25 ¢, 3 pièces de 10 ¢, 2 pièces de 5 ¢ et 2 pièces de 1 ¢ dans mon porte-monnaie. Malheureusement, j'ai laissé tomber 1 pièce de 25 ¢. Combien d'argent me reste-il?

Katie

Katie a _____ ¢ maintenant.

10

L'addition et la soustraction de l'argent

- Utiliser l'addition pour trouver les totaux.

- Utiliser la soustraction pour trouver les différences de prix, les prix de vente et la monnaie.

Spécial
45 ¢
En solde
37 ¢
Économisez = 8 ¢

Dépanneur Pomme	
Os	37 ¢
Os	37 ¢
Total	74 ¢
Espèces	75 ¢
Monnaie	1 ¢

Trouve le coût total de chaque paire d'objets.

38 ¢   19 ¢   25 ¢   49 ¢   27 ¢

①
$$
\begin{array}{r}
3\,8\,¢ \\
+\ 2\,7\,¢ \\
\hline
¢
\end{array}
$$

②
$$+ \underline{\hspace{2cm}}$$

③
$$+ \underline{\hspace{2cm}}$$

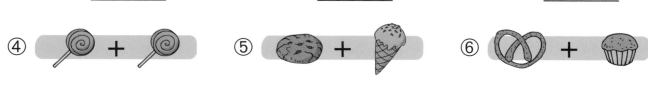

④
$$+ \underline{\hspace{2cm}}$$

⑤
$$+ \underline{\hspace{2cm}}$$

⑥
$$+ \underline{\hspace{2cm}}$$

⑦
$$+ \underline{\hspace{2cm}}$$

⑧
$$+ \underline{\hspace{2cm}}$$

⑨
$$+ \underline{\hspace{2cm}}$$

Regarde les images. Trouve les réponses.

⑩

94 ¢

Maintenant
88 ¢

Somme d'argent économisé

$$\begin{array}{r} 9\,4\ ¢ \\ -\ 8\,8\ ¢ \\ \hline \quad\ ¢ \end{array}$$

⑪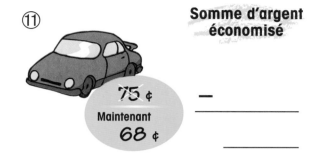

75 ¢

Maintenant
68 ¢

Somme d'argent économisé

$$\begin{array}{r} - \\ \hline \\ \hline \end{array}$$

⑫

55 ¢

Économisez
7 ¢

Prix de vente

$$\begin{array}{r} 5\,5\ ¢ \\ -\quad 7\ ¢ \\ \hline \quad\ ¢ \end{array}$$

⑬

80 ¢

Économisez
16 ¢

Prix de vente

$$\begin{array}{r} - \\ \hline \\ \hline \end{array}$$

⑭

Chaque objet coûte 46 ¢ maintenant.

Objet	Prix régulier	Argent économisé
un porte-clé	70 ¢	
une poupée	67 ¢	
un marque-page	95 ¢	
un casse-tête	82 ¢	

⑮

Chaque figurine coûte

28 ¢

de moins.

Figurine	Prix régulier	Prix en vente
A	95 ¢	
B	44 ¢	
C	60 ¢	
D	53 ¢	

Écris combien d'argent que possède chaque enfant. Ensuite, résous les problèmes.

⑯

a. Tom a _____ ¢.

b. Si Tom achète 🏷️ 18¢ , combien d'argent lui reste-t-il?

_____

_____

⑰

a. Tina a _____ ¢.

b. Si Tina achète Jus 46¢ , combien d'argent lui reste-t-il?

_____

_____

⑱

J'ai 2 pièces de 10 ¢ et 4 pièces de 1 ¢.

J'ai 2 pièces de 25 ¢ et 1 pièce de 5 ¢.

a. Sue a _____ ¢ et Ted a _____ ¢.

b. Combien d'argent ont-ils en tout? _____

_____

Regarde les objets décoratifs de Noël. Aide les enfants à résoudre les problèmes. Montre ton travail. Encercle les bonnes réponses.

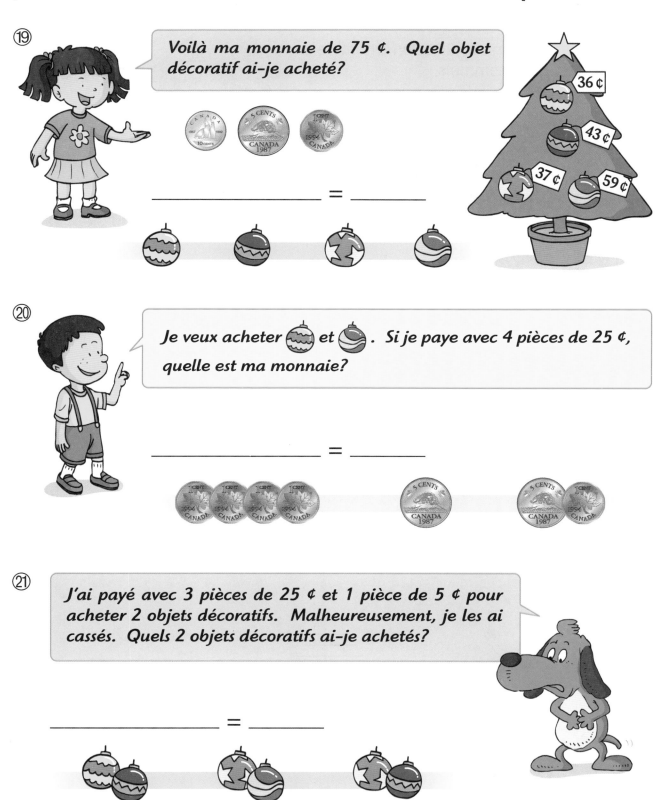

⑲ *Voilà ma monnaie de 75 ¢. Quel objet décoratif ai-je acheté?*

36 ¢   43 ¢   37 ¢   59 ¢

_____ = _____

⑳ *Je veux acheter 🔵 et 🔵. Si je paye avec 4 pièces de 25 ¢, quelle est ma monnaie?*

_____ = _____

㉑ *J'ai payé avec 3 pièces de 25 ¢ et 1 pièce de 5 ¢ pour acheter 2 objets décoratifs. Malheureusement, je les ai cassés. Quels 2 objets décoratifs ai-je achetés?*

_____ = _____

Les figures en 2D (1)

- Identifier et décrire différentes figures.
- Classer des figures en 2D selon le nombre de côtés et de sommets.
- Utiliser différentes figures pour créer des régularités.

M. Pentagone

Relie les points pour compléter chaque figure. Ensuite, nomme la figure.

le triangle   le carré   le rectangle

le pentagone   l'hexagone   l'heptagone   l'octogone

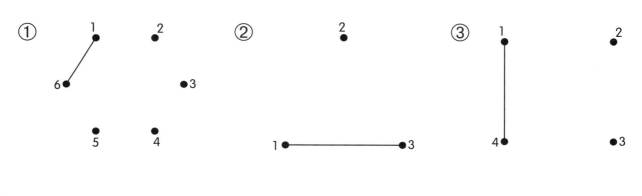

① ② ③

_____   _____   _____

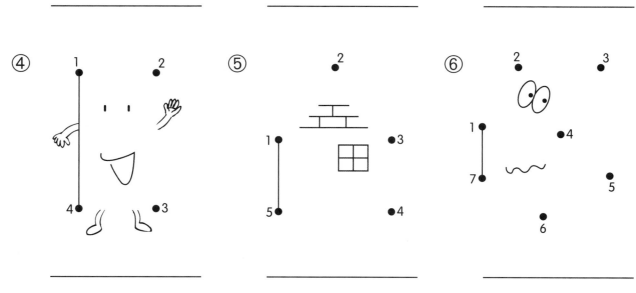

④ ⑤ ⑥

_____   _____   _____

Trace les côtés et encercle les sommets de chaque figure avec un crayon de couleur rouge. Ensuite, réponds aux questions.

⑦ **A**    **B**    **C**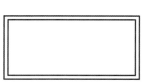

D    **E** 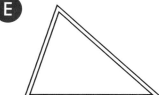   **F**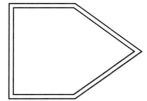

G    **H** 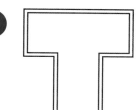   **I**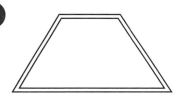

⑧ a. Quelle figure a 5 côtés? _____

b. Cette figure possède-t-elle aussi 5 sommets? _____

⑨ a. Quelles figures ont 4 sommets? _____

b. Combien de côtés chaque figure a-t-elle? _____ côtés

⑩ Dessine un hexagone qui est différent de celui ci-dessus.

Regarde les figures qu'a dessinées Judy. Aide-la à classer les figures. Dessine les figures dans les bonnes grilles.

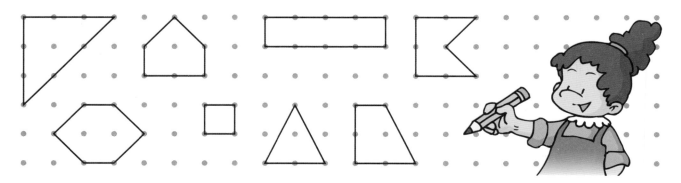

⑪ **à 5 sommets**

⑫ **à 4 sommets ou moins**

⑬ **à 4 côtés**

⑭ **à 5 côtés ou plus**

Nomme les figures utilisées dans chaque régularité. Ensuite, utilise les mêmes figures pour créer une nouvelle régularité.

⑮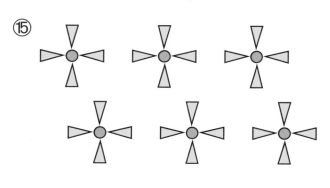

_____

⑯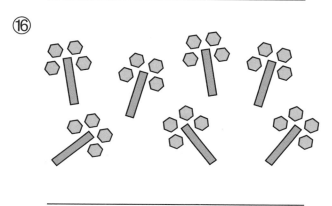

_____

Colorie et nomme les parties des figures qui se trouvent l'une sur l'autre.

⑰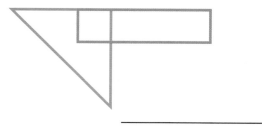

_____

⑱

_____

⑲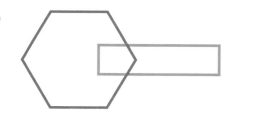

_____

Les figures en 2D (2)

- Identifier et décrire des figures régulières.
- Construire différents objets à l'aide d'un tangram (puzzle géométrique).
- Décrire des positions et des mouvements d'un objet.

On se sépare à une distance de deux pas.

Lis ce que dit Simon. Aide-le à colorier les figures appropriées.

Une figure régulière a des côtés égaux.

① un pentagone régulier

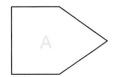   

② un hexagone régulier

   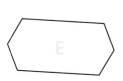

③ un octogone régulier

 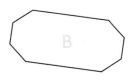  

Nomme la figure de chaque partie du tangram. Ensuite, réponds aux questions.

le triangle △   le carré □
le parallélogramme ▱

④

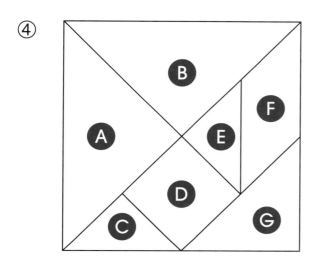

Pièce	Figure
A	
B	
C	
D	
E	
F	
G	

⑤ Colorie en jaune A et la figure qui ressemble à A.

⑥ Colorie en rouge C et la figure qui ressemble à C.

Trace les pointillés pour compléter les objets construits par le tangram. Ensuite, nomme les objets.

⑦

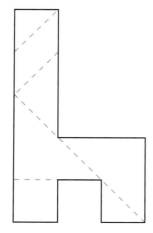

⑧

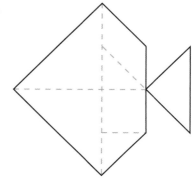

Coche ✔ les images que construit le tangram. Ensuite, écris le nombre de parties utilisées et identifie chaque objet.

⑨ Ⓐ

◯ ; _____

Ⓑ

◯ ; _____

Ⓒ

◯ ; _____

Ⓓ

◯ ; _____

Ⓔ

◯ ; _____

Ⓕ

◯ ; _____

Lis ce que dit Mᵐᵉ Smith. Dessine les nouvelles positions des enfants.

⑩

Les garçons reculent de 1 pas en arrière. Les filles avancent de 2 pas.

Mᵐᵉ Smith

Les mots pour décrire

- les positions relatives d'un objet :
  à côté de, à droite/à gauche de
- les mouvement d'un objet :
  marche autour, à travers, va vers

p. ex.

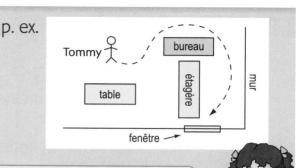

Le chemin indique que Tommy a marché autour de la table, à travers l'allée et vers la fenêtre.

Lis les phrases. Dessine les objets et le chemin.

- Une balle est à côté de la boîte et une tasse est devant la boîte.
- Deux pommes sont en dessous du pont.
- Un chien est assis à deux pas à gauche de la chaise.
- Un coffre au trésor est sur le tapis.

⑪

Tom marche au-dessus du pont et autour de la boîte. Ensuite, il marche autour de la chaise et marche vers le coffre au trésor.

La symétrie

- Identifier des images symétriques.
- Dessiner un (des) axe(s) de symétrie dans une image ou une figure.
- Dessiner des parties manquantes d'une image symétrique.
- Décrire des motifs symétriques.

Ma maison est symétrique.

Colorie les images symétriques.

①

Quel pointillé est l'axe de symétrie de chaque image? Trace-le.

② ③ ④

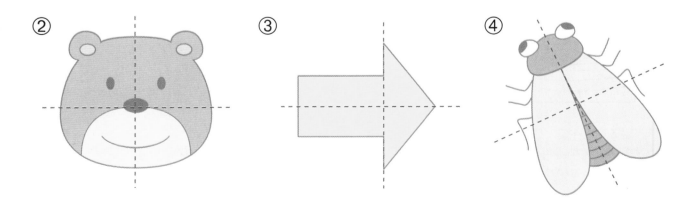

Dessine l'axe de symétrie dans chaque image.

⑤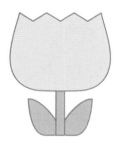

⑥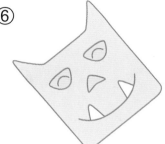

⑦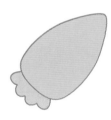

⑧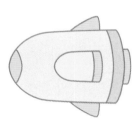

⑨

⑩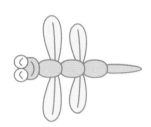

Les pointillés représentent les axes de symétrie. Trace-les. Ensuite, compte et écris les bons nombres.

⑪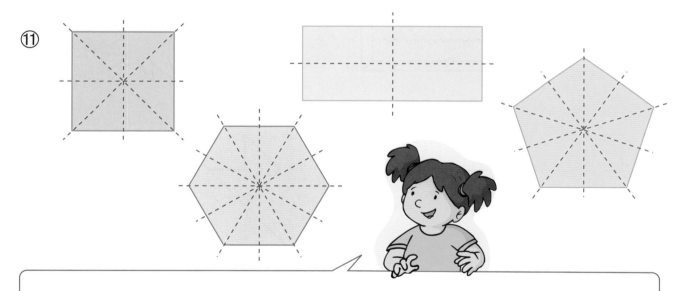

Il y a ____ axes de symétrie dans un carré, ____ dans un rectangle, ____ dans un pentagone régulier et ____ dans un hexagone régulier.

Dessine les parties manquantes de chaque image symétrique.

⑫

⑬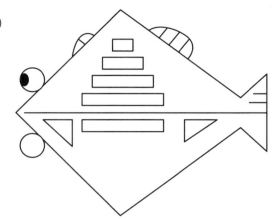

⑭

⑮

⑯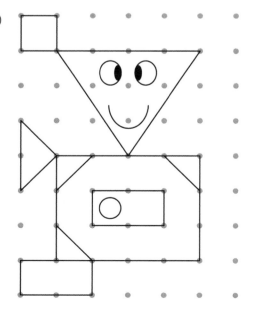

⑰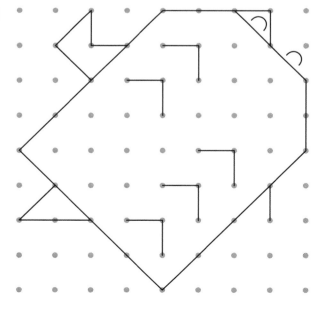

Les façons de décrire des motifs symétriques :

> J'ai fait un motif symétrique qui ressemble à un papillon.

> J'ai utilisé 3 rectangles et 2 triangles pour créer un motif symétrique.

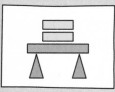

Décris chaque motif symétrique.

⑱ _____

_____

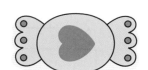

⑲ _____

_____

⑳ _____

_____

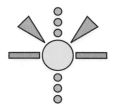

Lis ce que dit Robin le chien. Colorie la bonne image.

㉑

> J'ai fait un motif symétrique qui ressemble à ma collation préférée.

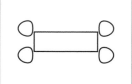

Les figures en 3D

- Identifier des figures en 3D.
- Classer des figures en 3D selon leurs propriétés.
- Décrire les charpentes de prismes et de pyramides.

Les pyramides entrent en premier.

Colorie les prismes en rouge et les pyramides en jaune.

①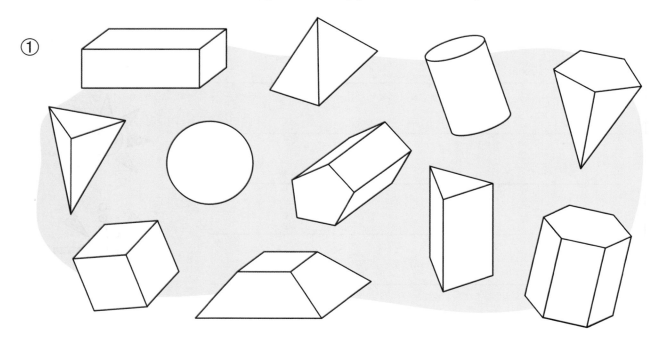

Nomme les figures en 3D.

②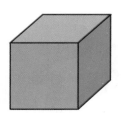

_____

③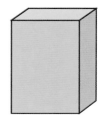

_____

④

_____

Trace les pointillés et identifie les figures en 3D que tu vois dans chaque modèle.

le cône   le cube   le cylindre   le prisme   la pyramide   la sphère

⑤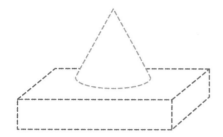

_____   _____

⑥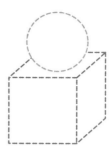

_____   _____

⑦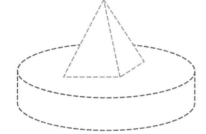

_____   _____

⑧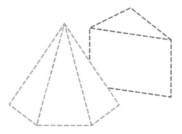

_____   _____

Nomme les faces coloriées.

⑨

_____

⑩

_____

⑪

_____

⑫

_____

⑬

_____

⑭

_____

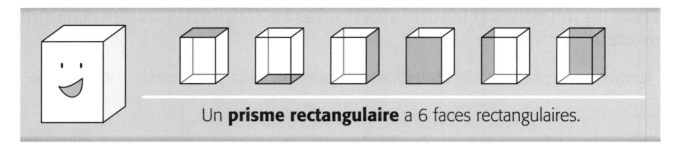

Un **prisme rectangulaire** a 6 faces rectangulaires.

Classe les figures en 3D. Écris les lettres. Ensuite, complète les descriptions.

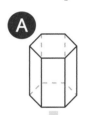

⑮ Qui ont des faces carrées : _____

Qui n'ont pas de faces carrées : _____

⑯ Qui ont des faces triangulaires : _____

Qui n'ont pas de faces triangulaires : _____

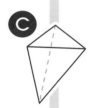

⑰ Qui ont des faces rectangulaires : _____

Qui n'ont pas de faces rectangulaires : _____

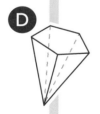

⑱ **B** a _____ faces carrées.

⑲ **E** a _____ face(s) triangulaire(s) et _____ face(s) rectangulaire(s).

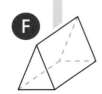

Tu peux utiliser des pailles et des cordes, des bâtons et des guimauves, ou des bâtons et de la pâte à modeler pour faire les charpentes de prismes et de pyramides.

p. ex.

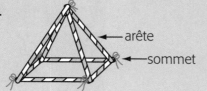

arête
sommet

Cette pyramide a 8 arêtes et 5 sommets.

Regarde la charpente de chaque figure en 3D. Compte et écris le nombre d'arêtes et de sommets de chaque figure.

⑳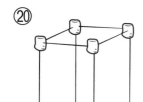

_____ arêtes

_____ sommets

㉑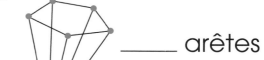

_____ arêtes

_____ sommets

㉒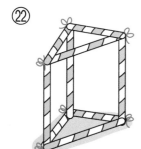

_____ arêtes

_____ sommets

㉓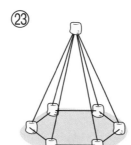

_____ arêtes

_____ sommets

Réponds aux questions de Bob.

㉔ *Si je plie le triangle, quelle figure en 3D aurai-je? De combien de bâtons et de guimauves ai-je besoin pour construire la même figure?*

Il aura une _____ . Il a besoin de

_____ bâtons et de _____ guimauves.

La multiplication (1)

- Comprendre que la multiplication est une addition répétée.
- Lire et écrire des expressions de multiplication.
- Multiplier par 2, 3, 4, 5 et 10.

5 fois 2
= 5 × 2
= 10

5 groupes de 2 font 10.

Encercle les objets. Ensuite, remplis les blancs.

① Encercle les pommes par groupes de 2.

$2 + 2 + 2 + 2 + 2 + \underline{\hspace{1cm}}$

$= 6$ groupes de $\underline{\hspace{1cm}}$

$= \underline{\hspace{1cm}}$ fois 2

$= \underline{\hspace{1cm}}$

② Encercle les étoiles par groupes de 4.

$4 + 4 + 4 + 4 + \underline{\hspace{1cm}}$

$= \underline{\hspace{1cm}}$ groupes de 4

$= 5$ fois $\underline{\hspace{1cm}}$

$= \underline{\hspace{1cm}}$

③ Encercle les cloches par groupes de 3.

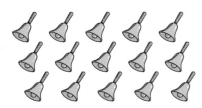

$3 + 3 + 3 + 3 + \underline{\hspace{1cm}}$

$= \underline{\hspace{1cm}}$ groupes de 3

$= \underline{\hspace{1cm}}$ fois 3

$= \underline{\hspace{1cm}}$

Regarde les images. Remplis les blancs.

④ $5 + 5 + 5 + 5 +$ ____ $+$ ____

= 6 groupes de ____

= 6 x ____

= ____

⑤ $3 + 3 + 3 + 3 +$ ____ $+$ ____ $+$ ____ $+$ ____

= ____ groupes de ____

= ____ x ____

= ____

⑥ $4 + 4 + 4 +$ ____ $+$ ____ $+$ ____ $+$ ____

= ____ groupes de ____

= ____ x ____

= ____

Dessine le bon nombre d'images pour les associer aux expressions de multiplication.

⑦ $4 \times 3 = 12$

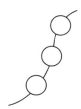

⑧ $3 \times 5 = 15$

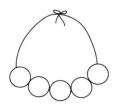

15

Dessine des flèches pour continuer les régularités. Ensuite, compte par bonds de 2, de 5 ou de 10 pour écrire les nombres manquants.

⑨

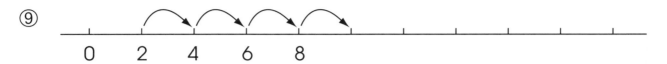

0   2   4   6   8

⑩

0   5   10   15   20

⑪

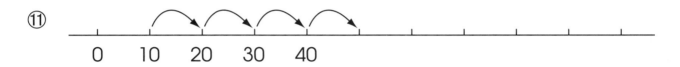

0   10   20   30   40

Complète les multiplications à l'aide des droites numériques.

⑫   1 x 2 = _____

2 x 2 = _____

3 x 2 = _____

4 x 2 = _____

5 x 2 = _____

6 x 2 = _____

7 x 2 = _____

8 x 2 = _____

9 x 2 = _____

10 x 2 = _____

⑬   1 x 5 = _____

2 x 5 = _____

3 x 5 = _____

4 x 5 = _____

5 x 5 = _____

6 x 5 = _____

7 x 5 = _____

8 x 5 = _____

9 x 5 = _____

10 x 5 = _____

⑭   1 x 10 = _____

2 x 10 = _____

3 x 10 = _____

4 x 10 = _____

5 x 10 = _____

6 x 10 = _____

7 x 10 = _____

8 x 10 = _____

9 x 10 = _____

10 x 10 = _____

6 groupes de 3

= 6 x 3

= __18__   Il y a 18 boîtes de jus.

Regarde les images. Trouve les réponses.

⑮ *Regarde les yeux des extraterrestres.*

a. 2 x 3 = _____   b. 9 x 3 = _____

c. 7 x 3 = _____   d. 5 x 3 = _____

e. 4 x 3 = _____   f. 3 x 3 = _____

⑯ *Regarde les jambes des extraterrestres.*

a. 6 x 4 = _____   b. 5 x 4 = _____

c. 7 x 4 = _____   d. 9 x 4 = _____

e. 3 x 4 = _____   f. 4 x 4 = _____

Lis ce que dit Lucy. Dessine les anneaux et réponds à la question.

⑰ *Il y a 4 anneaux sur chaque bâton. Combien d'anneaux y a-t-il en tout?*

_____ anneaux

La multiplication (2)

- Multiplier un nombre à 1 chiffre par 6, 7, 8 ou 9.
- Compléter des tables de multiplication.
- Résoudre des problèmes de multiplication.

Il y a 18 yeux qui me regardent.

Regarde les images. Effectue les multiplications.

①

1 x 6 = _____

2 x 6 = _____

3 x 6 = _____

4 x 6 = _____

5 x 6 = _____

6 x 6 = _____

7 x 6 = _____

8 x 6 = _____

9 x 6 = _____

10 x 6 = _____

②

1 x 7 = _____

2 x 7 = _____

3 x 7 = _____

4 x 7 = _____

5 x 7 = _____

6 x 7 = _____

7 x 7 = _____

8 x 7 = _____

9 x 7 = _____

10 x 7 = _____

Effectue les multiplications à l'aide des images. Ensuite, réponds aux questions.

③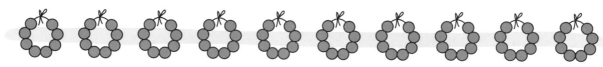

a.
$$8 \times 4$$

b.
$$8 \times 2$$

c.
$$8 \times 8$$

d. $7 \times 8 =$ _____

e. $3 \times 8 =$ _____

f. $6 \times 8 =$ _____

g. $9 \times 8 =$ _____

④ *Combien de perles y a-t-il dans 10 bracelets?*

_____ = _____   _____ perles

⑤

a.
$$9 \times 5$$

b.
$$9 \times 2$$

c.
$$9 \times 7$$

d. $6 \times 9 =$ _____

e. $9 \times 9 =$ _____

f. $8 \times 9 =$ _____

g. $1 \times 9 =$ _____

⑥ *Combien de blocs sont nécessaires pour faire 4 piles?*

_____ = _____   _____ blocs

16

Effectue les multiplications.

⑦
$$
\begin{array}{r}
7 \\
\times\ \ 4 \\
\hline
\end{array}
$$

⑧
$$
\begin{array}{r}
6 \\
\times\ \ 3 \\
\hline
\end{array}
$$

⑨
$$
\begin{array}{r}
8 \\
\times\ 10 \\
\hline
\end{array}
$$

⑩
$$
\begin{array}{r}
9 \\
\times\ \ 4 \\
\hline
\end{array}
$$

⑪ 8 x 6 = _____

⑫ 3 x 9 = _____

⑬ 2 x 7 = _____

⑭ 4 x 8 = _____

⑮ 7 x 9 = _____

⑯ 6 x 7 = _____

⑰ 3 x 8 = _____

⑱ 9 x 6 = _____

La réponse de chaque question est le nombre de bonbons dans chaque boîte. Trouve la réponse. Ensuite, réponds aux questions.

⑲

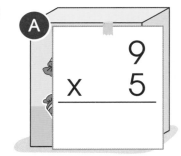

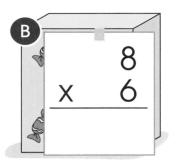

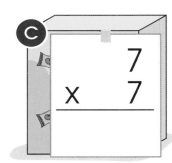

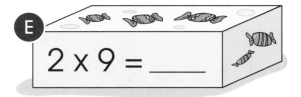

⑳ Quelle boîte contient le plus de bonbons? _____

㉑ Quelle boîte contient 1 bonbon de moins que **C**? _____

Résous les problèmes.

㉒ Chaque bocal contient 9 bonbons. Combien de bonbons y a-t-il dans 6 bocaux?

_____ bonbons

㉓ Katie a 7 boîtes de chocolats. Combien de chocolats a-t-elle en tout?

_____ chocolats

㉔ Il y a 8 groupes de 6 filles. Combien de filles y a-t-il en tout?

_____ filles

㉕ Combien de jours y a-t-il dans 4 semaines?

_____ jours

㉖ *Si je joue avec 6 extraterrestres, combien d'yeux verrai-je?*

_____ yeux

Plus sur la multiplication

- Multiplier par 0 et 1.
- Résoudre des problèmes de multiplication.
- Comprendre la multiplication complexe.

On a le même nombre de poissons.

$$3 \times 2 \quad = \quad 2 \times 3$$

Regarde les images. Complète les expressions numériques et trouve les réponses.

①

$$1 + 1 + 1 + \underline{\quad} + \underline{\quad} + \underline{\quad} = 1 \times \underline{\quad} = \underline{\quad}$$

②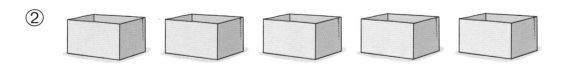

$$0 + 0 + 0 + \underline{\quad} + \underline{\quad} = 0 \times \underline{\quad} = \underline{\quad}$$

③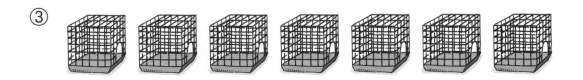

$$0 + 0 + 0 + 0 + 0 + \underline{\quad} + \underline{\quad} = 0 \times \underline{\quad} = \underline{\quad}$$

④

$$1 + 1 + \underline{\quad} + \underline{\quad} = 1 \times \underline{\quad} = \underline{\quad}$$

Trouve les réponses.

⑤
$$\begin{array}{r} 3 \\ \times\ 4 \\ \hline \end{array}$$

⑥
$$\begin{array}{r} 0 \\ \times\ 8 \\ \hline \end{array}$$

⑦
$$\begin{array}{r} 1 \\ \times\ 9 \\ \hline \end{array}$$

⑧
$$\begin{array}{r} 2 \\ \times\ 6 \\ \hline \end{array}$$

⑨
$$\begin{array}{r} 0 \\ \times\ 5 \\ \hline \end{array}$$

⑩
$$\begin{array}{r} 7 \\ \times\ 3 \\ \hline \end{array}$$

⑪
$$\begin{array}{r} 1 \\ \times\ 2 \\ \hline \end{array}$$

⑫
$$\begin{array}{r} 4 \\ \times\ 8 \\ \hline \end{array}$$

⑬ 2 x 5 = _____

⑭ 3 x 6 = _____

⑮ 7 x 7 = _____

⑯ 5 x 4 = _____

⑰ 9 x 0 = _____

⑱ 3 x 1 = _____

⑲

Chaque bonhomme de neige a 1 carotte. Combien de carottes 6 bonhommes de neige ont–ils en tout?

_____ carottes

⑳ Chaque bonhomme de neige a 2 bâtons. Combien de bâtons 7 bonhommes de neige ont-ils en tout?

_____ bâtons

㉑ Les bonhommes de neige n'ont pas de jambes. Combien de jambes 4 bonhommes de neige ont-ils en tout?

_____ jambe(s)

Même si l'ordre de la multiplication change, le produit est toujours le même.

p. ex.  =

3 x 4 = 4 x 3

Chaque groupe a 12 bananes.

Regarde les images. Dessine les images manquantes. Ensuite, remplis les blancs.

㉒ 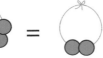 =

$2 \times 6 = 6 \times$ ____

Chaque groupe a ____ perles.

㉓   =

$3 \times 5 =$ ____ $\times 3$

Chaque groupe a ____ fleurs.

㉔  =

$4 \times 7 = 7 \times$ ____

Chaque groupe a ____ autocollants.

Complète les expressions de multiplication.

㉕ $6 \times 4 = 4 \times$ _____

= _____

㉖ $3 \times 7 =$ _____ $\times 3$

= _____

㉗ $5 \times 8 = 8 \times$ _____

= _____

㉘ $4 \times 9 =$ _____ $\times 4$

= _____

Les animaux dans chaque groupe ont le même nombre d'aliments. Aide-les à dessiner les images manquantes et remplis les blancs.

㉙

J'ai 2 groupes de 6 carottes.

J'ai 6 groupes de _____ carottes.

㉚

J'ai 3 groupes de 5 os.

J'ai 5 groupes de _____ os.

La division

- Diviser un groupe d'objets en groupes égaux.
- Diviser un groupe d'objets en parties égales.
- Comprendre le lien entre la multiplication et la division.

2 chiens partagent 16 os. Chaque chien a 8 os.

Colorie de la même couleur les objets dans chaque groupe. Ensuite, remplis les blancs.

① 4 avions par groupe

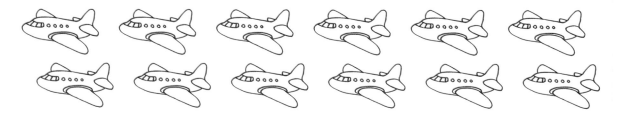

Il y a _____ avions. S'il y a 4 avions dans un groupe, il y aura _____ groupes en tout.

② 5 cloches par groupe

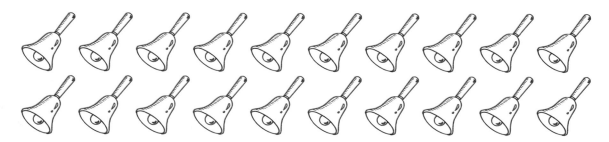

Il y a _____ cloches. S'il y a 5 cloches dans un groupe, il y aura _____ groupes en tout.

Trace les pointillés pour mettre les objets en groupes. Suis les régularités pour classer les objets qui restent. Ensuite, remplis les blancs.

③ Divise également 12 poissons dans 3 bocaux.

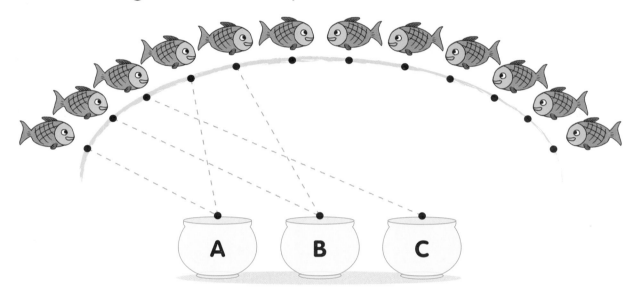

Chaque bocal contient _____ poissons.

④ 5 filles partagent 15 fleurs également.

Chaque fille reçoit _____ fleurs.

Remplis les blancs à l'aide des images données.

⑤   a. Il y a ____ beignets.

b. Si les beignets sont mis dans des sacs de 3, il y a ____ sacs en tout.

⑥   a. Il y a ____ objets décoratifs.

b. Si M. Shaw met également les objets décoratifs dans les 5 sacs, il y a ____ objets décoratifs dans chaque sac.

Dessine 24 poissons dans la mer. Ensuite, remplis les blancs.

⑦ a.

b. Si les poissons sont divisés en groupes de 4, il y a ____ groupes en tout.

c. Si M. Shark divise également les poissons en 8 groupes, il y a ____ poissons dans chaque groupe.

La division est le contraire de la multiplication.

p. ex.

2 rangées de **3** pommes

= **2** trois

= **2** x **3**

= **6**

Diviser 6 pommes en 2 groupes. Il y a 3 pommes dans chaque groupe.

Dessine les images qui correspondent aux expressions numériques. Ensuite, remplis les blancs.

⑧ 3 rangées de 7 bâtons

= 3 x _____

= _____

 Partage également _____  en 7 groupes. Il y a _____  dans chaque groupe.

⑨ 4 rangées de 6 billes

= 4 x _____

= _____

 Partage également _____ en 6 groupes. Il y a _____ dans chaque groupe.

Lis ce que dit Mary. Résous le problème.

⑩ *Si je mets également 35 os dans 7 bols, combien d'os y a-t-il dans chaque bol?*

5 x 7 = 35

_____ os

Chacun d'entre nous a 1 partie d'une pizza.

Les fractions (1)

- Utiliser des noms fractionnaires comme « moitiés », « tiers » et « quarts » pour décrire les parties égales d'un objet entier ou d'un ensemble d'objets.

- Comprendre le rapport entre le nombre de parties fractionnaires d'un entier, et la grandeur des parties fractionnaires.

Mais ma partie est plus petite parce que ma pizza est découpée en plus de parties.

Colorie la moitié de chaque figure.

① 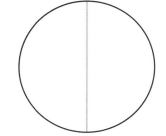   ② 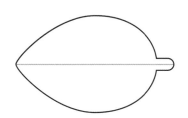   ③

Colorie les deux tiers de chaque figure.

④    ⑤ 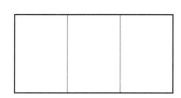   ⑥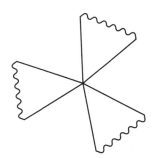

Colorie les trois quarts de chaque figure.

⑦ 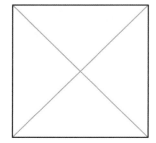   ⑧ 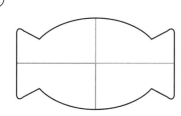   ⑨

Coche ✔ les bonnes figures.

⑩ Deux sixièmes coloriés

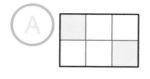   

⑪ Trois huitièmes coloriés

⑫ Deux cinquièmes coloriés

   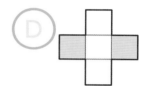

Écris la fraction des parties coloriées de chaque figure.

⑬    ⑭    ⑮

_____ sixièmes   _____   _____

⑯    ⑰    ⑱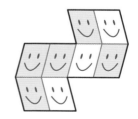

_____   _____   _____

Trace les pointillés pour diviser en parties égales les objets dans chaque groupe. Ensuite, colorie les parties et remplis les blancs avec les noms fractionnaires.

⑲ a.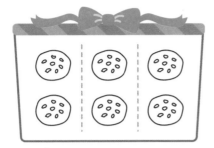

b. Colorie deux parties.

c. _____ des 🍪 sont coloriés.

⑳ a.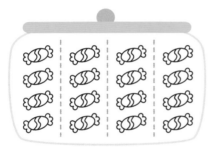

b. Colorie trois parties.

c. _____ des 🍬 sont coloriés.

Divise les objets en groupes égaux. Ensuite, remplis les blancs.

㉑ Divise les fleurs en 3 groupes égaux et colorie 2 groupes en rouge.

❀ ❀ ❀ ❀ ❀ ❀

❀ ❀ ❀ ❀ ❀ ❀   _____ sont rouges.

㉒ Divise les voitures en 6 groupes égaux et colorie 5 groupes en bleu.

🚐 🚐 🚐 🚐 🚐 🚐

🚐 🚐 🚐 🚐 🚐 🚐   _____ sont bleus.

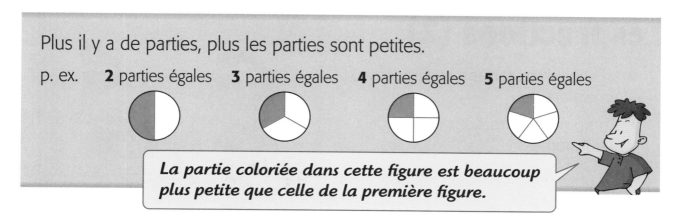

Plus il y a de parties, plus les parties sont petites.

p. ex.　**2** parties égales　**3** parties égales　**4** parties égales　**5** parties égales

La partie coloriée dans cette figure est beaucoup plus petite que celle de la première figure.

Regarde la façon dont le papier est plié. Utilise les fractions pour décrire les parties que tu vois. Ensuite, trace les lignes de pli et écris le nombre de parties égales.

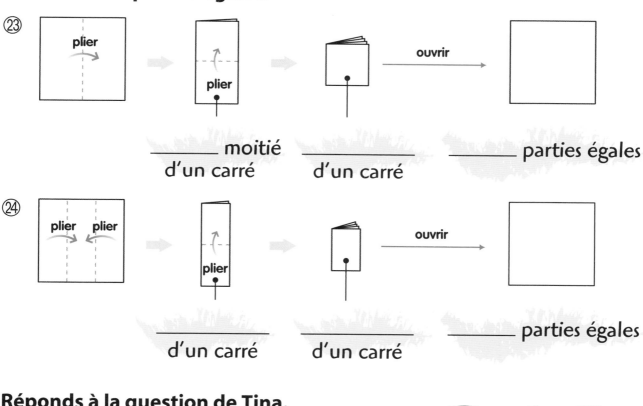

㉓ _____ moitié d'un carré　_____ d'un carré　_____ parties égales

㉔ _____ d'un carré　_____ d'un carré　_____ parties égales

Réponds à la question de Tina.

㉕ *Lequel est le plus grand, un tiers d'une pizza ou deux quarts d'une pizza? Utilise les cercles pour justifier ta réponse.*

_____

Les fractions (2)

- Regrouper des parties fractionnaires en entiers.
- Comparer des fractions à l'aide de diagrammes.

Ne t'en fais pas. Deux moitiés font un entier. Tu as toujours un gâteau en entier.

Maman, David a coupé mon gâteau!

Trace les pointillés. Ensuite, remplis les blancs.

①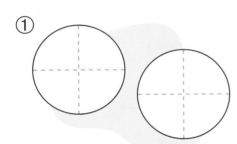

a. _____ quarts font un entier.

b. Huit _____ font deux entiers.

②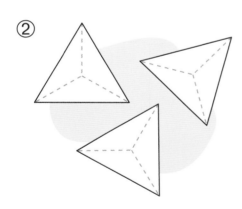

a. _____ tiers font un entier.

b. Neuf _____ font trois entiers.

c. Six tiers font _____ entiers.

③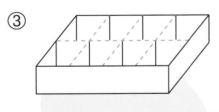

a. _____ huitièmes font un entier.

b. Seize huitièmes font _____ entiers.

c. _____ huitièmes font une moitié d'un entier.

Complète les diagrammes pour montrer ce que disent les enfants.

④

Regroupe neuf quarts pour former deux entiers et un quart.

⑤

Regroupe sept moitiés pour former trois entiers et une moitié.

⑥

Regroupe cinq tiers pour former un entier et deux tiers.

Écris une phrase pour décrire chaque groupe de diagrammes.

⑦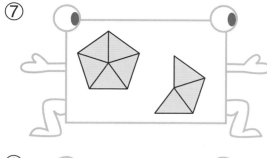

_____

_____

⑧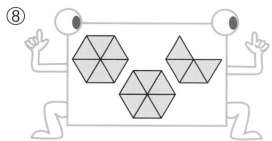

_____

_____

Colorie le bon nombre de parties qui correspondent aux fractions. Ensuite, remplis les blancs avec les mots « plus grand(es) » ou « plus petit(es) ».

⑨ a.   trois quarts   une moitié   un entier

b. Trois quarts sont _____ qu'une moitié.

c. Trois quarts sont _____ qu'un entier.

⑩ a. deux cinquièmes   sept dixièmes   une moitié

b. Deux cinquièmes sont _____ que sept dixièmes.

c. Une moitié est _____ que sept dixièmes.

Encercle la fraction supérieure dans chaque paire.

⑪
trois huitièmes

une moitié

⑫
quatre sixièmes

une moitié

⑬
deux tiers

trois dixièmes

⑭
un cinquième

deux sixièmes

Dessine des lignes et colorie le bon nombre de parties des diagrammes qui correspondent aux fractions. Ensuite, remplis les blancs.

⑮ a.

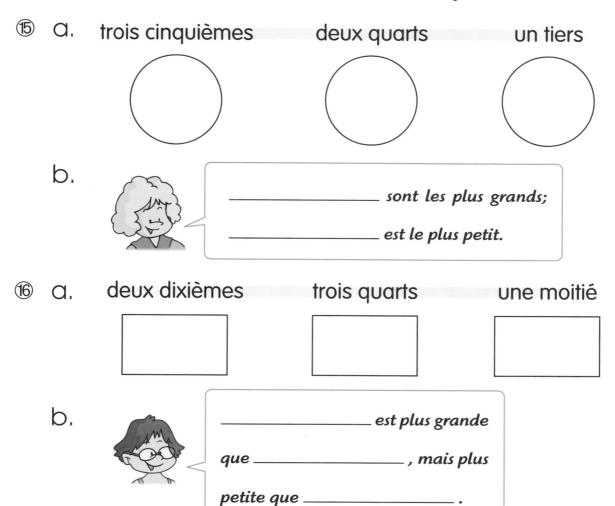

trois cinquièmes   deux quarts   un tiers

b. _____ sont les plus grands;

_____ est le plus petit.

⑯ a.

deux dixièmes   trois quarts   une moitié

b. _____ est plus grande

que _____ , mais plus

petite que _____ .

Lis ce que dit David. Réponds à sa question.

⑰

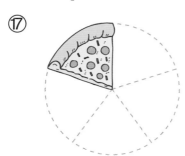

J'ai une part de pizza. Si je veux donner la moitié de ma part à ma sœur comme cadeau d'anniversaire, quelle fraction de pizza va-t-elle recevoir?

_____ d'une pizza

La capacité

- Comparer et ordonner un ensemble de contenants selon leur capacité.

- Mesurer et noter la capacité de chaque contenant à l'aide d'unités non conventionnelles.

> *J'ai bien deviné. Ce pot de fleurs peut contenir 6 canettes de boisson gazeuse.*

Colorie le contenant qui a la plus grande capacité.

①

②

③

④

⑤

⑥

Mets les contenants dans l'ordre selon leur capacité, de la plus grande à la plus petite.

⑦

Dans l'ordre : _____

⑧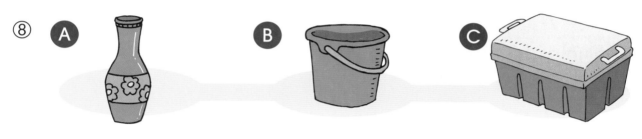

Dans l'ordre : _____

⑨

Dans l'ordre : _____

Dessine deux contenants, celui qui a une capacité plus grande et celui qui a une capacité plus petite que celui donné.

⑩   ⑪

Estime la capacité des contenants. Ensuite, encercle les réponses.

⑫   B / C   peut contenir plus d'eau que **A**.

⑬   A / B   peut contenir à peu près la même quantité d'eau que **D**.

⑭   C / D   a la plus grande capacité.

⑮ Il faut environ   4 / 40   **B** pour remplir **A**.

⑯ Il faut 5 **A** pour remplir un seau. Si David verse 3 **A** dans le seau, colorie le seau pour montrer la quantité d'eau qu'il peut contenir.

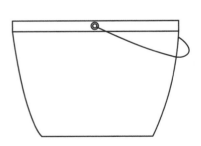

⑰ Tommy a versé 2 **A** d'eau dans l'aquarium. S'il verse 2 **A** de plus d'eau dans l'aquarium, colorie l'aquarium pour montrer la quantité d'eau qu'il peut contenir.

Aide chaque enfant à choisir le meilleur outil de mesure. Encercle la bonne réponse.

⑱  *Si je veux mesurer la capacité du bol de mon chien, quel contenant serait la meilleure unité de mesure?*

une cuillère   une brique de lait   une poubelle

⑲ *Je veux mesurer la capacité d'une baignoire. Quel contenant serait la meilleure unité de mesure?*

une boîte à lunch   un flacon de parfum   un seau

⑳ *Je veux mesurer la capacité de ma bouteille d'eau. Quel contenant serait la meilleure unité de mesure?*

un compte-gouttes   une tasse   une casserole

Qu'utiliseras-tu pour mesurer la capacité des contenants ci-dessous? Donne tes conseils sur les lignes.

㉑

㉒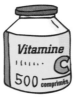

_____

㉓

㉔  *J'aime ce pot de biscuits.*

_____

La masse

- Comparer des masses d'objets.
- Estimer, mesurer et noter des masses d'objets à l'aide d'unités non conventionnelles.

> *Je peux soulever celui qui est le plus lourd.*

Colorie celui qui a la plus grande masse dans chaque groupe.

① ② ③ ④

Guimauves

Pommes de terre

Nouilles

Regarde les images. Réponds aux questions et remplis les blancs.

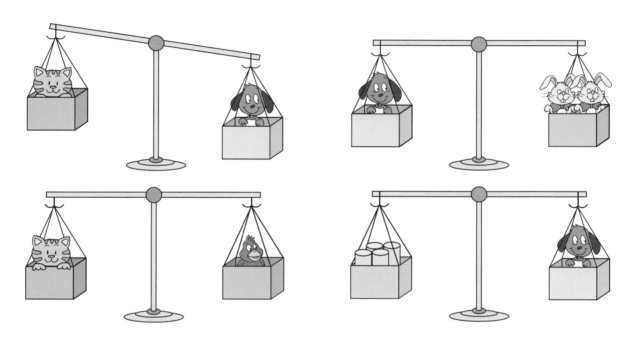

⑤ Quel animal est le plus lourd, le chat ou le chien? _____

⑥ Quel animal est le plus lourd, le chien ou le lapin? _____

⑦ Quel animal a le même poids que le chat? _____

⑧ Quel animal est le plus lourd? _____

⑨ Le chien a le même poids que ____ cylindres.

⑩ Les lapins ont le même poids que ____ cylindres. Chaque lapin a environ le même poids que ____ cylindres.

Regarde les images. Écris le poids de chaque objet. Ensuite, réponds aux questions.

⑪ **Le poids**

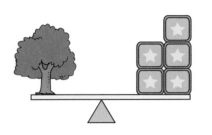

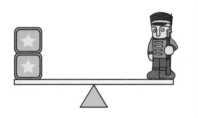

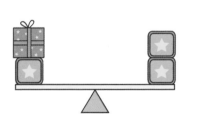

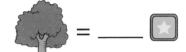 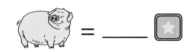

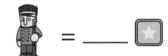 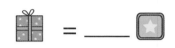

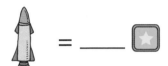

⑫ *Colorie en jaune l'objet qui pèse le plus. Ensuite, colorie en bleu les objets qui ont le même poids.*

⑬ Le cochon a le même poids que 1 arbre et _____ casse-noix.

⑭ L'arbre a le même poids que 1 cadeau et _____ fusée(s).

Lis ce que disent les enfants. Aide-les à encercler les meilleures unités pour mesurer les objets.

⑮ *Je veux connaître le poids de mon chat. Quel objet me faut-il utiliser?*

⑯ *Je veux connaître le poids de ma pomme. Quel objet me faut-il utiliser?*

⑰ *Quel objet me faut-il utiliser pour peser la valise de maman?*

Lis ce que dit Sam. Aide-le à dessiner le bon nombre de briques qui va lui permettre d'équilibrer.

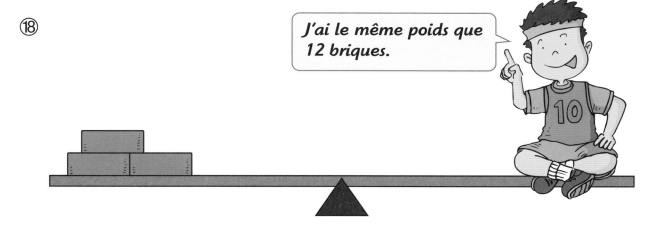

⑱ *J'ai le même poids que 12 briques.*

Il peut créer une régularité à l'aide de son fouet.

Les régularités (1)

- Identifier, décrire, prolonger et créer des régularités répétitives, croissantes et décroissantes.

- Comprendre le concept de l'égalité d'une paire d'expressions.

Coche ✔ le cercle s'il y a une régularité dans chaque groupe et dessine l'image qui suit. S'il n'y a pas de régularité dans le groupe, barre ✘ dans le cercle.

Suivante

①

② 3   5   2   2   1   9   3   8

③

④ 90   80   70   60   50   40   30

⑤

Suis chaque régularité et dessine les deux images qui suivent. Ensuite, écris « croissante » ou « décroissante ».

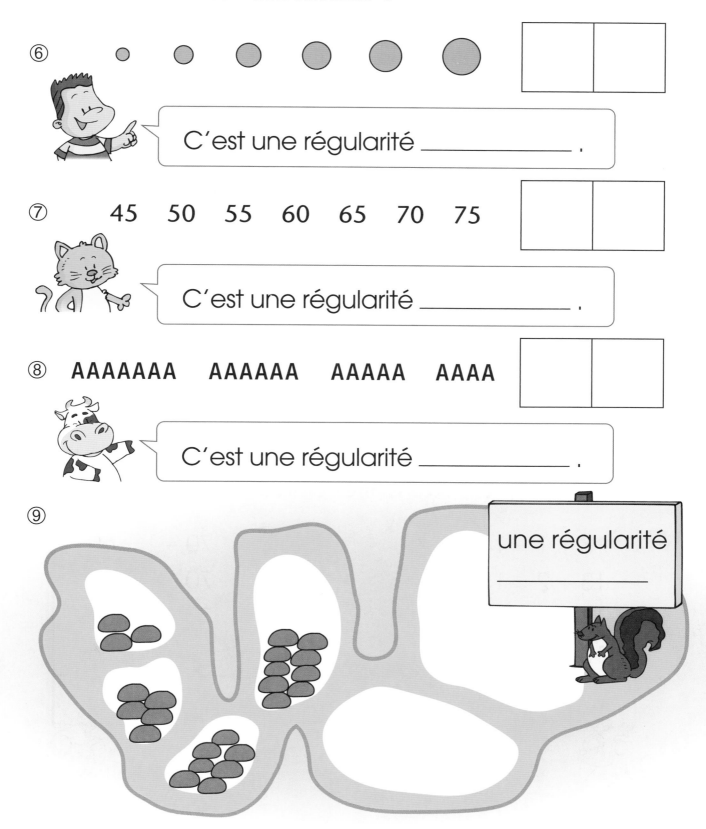

⑥

C'est une régularité _____ .

⑦   45   50   55   60   65   70   75

C'est une régularité _____ .

⑧ AAAAAAA   AAAAAA   AAAAA   AAAA

C'est une régularité _____ .

⑨

une régularité

_____

Utilise les images dans chaque régularité pour créer une régularité différente de celle donnée.

⑩

_____

⑪

_____

⑫

_____

Suis la régularité pour écrire les deux expressions numériques qui suivent. Ensuite, écris « croissante » ou « décroissante ».

⑬
13 + 1 = 14
13 + 2 = 15
13 + 3 = 16
13 + 4 = 17

une régularité

_____

⑭
70 – 1 = 69
70 – 2 = 68
70 – 3 = 67
70 – 4 = 66

une régularité

_____

Nous pouvons utiliser un **signe d'égalité** pour montrer que les deux expressions numériques sont égales.

$$6 + 4 = 3 + 7$$

Il y a 10 perles dans chaque groupe. « 6 + 4 » est égal à « 3 + 7 ».

Encercle les objets. Ensuite, complète les expressions.

⑮

$$4 + \underline{\quad} = \underline{\quad} + \underline{\quad}$$

⑯

$$\underline{\quad} + 8 = \underline{\quad} + \underline{\quad}$$

Remplis les blancs avec les nombres manquants.

⑰ $5 + 3 = 2 + \underline{\quad}$

⑱ $1 + 4 = \underline{\quad} + 3$

⑲ $9 + 7 = 8 + \underline{\quad}$

⑳ $6 + 5 = \underline{\quad} + 7$

㉑ $4 + 8 = \underline{\quad} + 2$

㉒ $3 + 9 = 6 + \underline{\quad}$

㉓

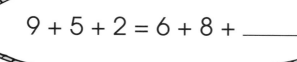

$$9 + 5 + 2 = 6 + 8 + \underline{\quad}$$

Les régularités (2)

99, 89, 79, 69, 59, 49, 39, 29, 19, 9

- Identifier des régularités dans un tableau des centaines.
- Identifier, décrire et prolonger une régularité qui se répète en combinant deux attributs.

Regarde le tableau des centaines.
Complète les phrases avec les nombres et les mots donnés.

1	2	3	4	5	6	7	⑧	9	10
11	12	13	14	15	16	17	⑱	19	20
21	22	23	24	25	26	27	㉘	29	30
31	32	33	34	35	36	37	㊳	39	40
41	42	43	44	45	46	47	㊽	49	50
51	52	53	54	55	56	57	㊺	59	60
61	62	63	64	65	66	67	㊻	69	70
71	72	73	74	75	76	77	㋄	79	80
81	82	83	84	85	86	87	㊈	89	90
91	92	93	94	95	96	97	㊾	99	100

une rangée
une colonne
croissante
décroissante

① Les nombres coloriés sont _____ .
Ils sont dans _____ .

② Les nombres encerclés sont _____ .
Ils sont dans _____ .

③ Quand nous regardons les nombres dans une colonne de bas en haut, les nombres montrent une régularité _____ .

Complète le tableau des centaines. Colorie et encercle les nombres sur le tableau des centaines. Ensuite, écris « colonne » ou « rangée » sur les lignes.

1	2	3			6			9	10
	12		14	15			18		20
21		23		25	26			29	
	32					37			
		43	44			47			50
51				55			58		
	62				66	67			70
71			74				78	79	
		83			86				
	92					97		99	

④ *Colorie les nombres : 41, 42, 43, 44, 45, 46, 47, 48, 49 et 50.*

Les nombres coloriés sont dans une _____ .

⑤ *Encercle les nombres : 3, 13, 23, 33, 43, 53, 63, 73, 83 et 93.*

Les nombres encerclés sont dans une _____ .

Calcule et coche ✔ les réponses à l'aide du tableau des centaines ci-dessus. Ensuite, réponds aux questions.

Les réponses suivent-elles une régularité? Si oui, peux-tu suivre la régularité pour trouver les réponses des deux prochaines expressions de soustraction?

⑥ 88 – 5 = _____
83 – 5 = _____
78 – 5 = _____
73 – 5 = _____

_____ ; _____

Colorie les images comme indiqué. Dessine et colorie l'image qui suit. Ensuite, décris quel attribut change dans chaque régularité à part la couleur. Remplis les blancs avec les mots donnés.

le motif   la position   la forme   la taille

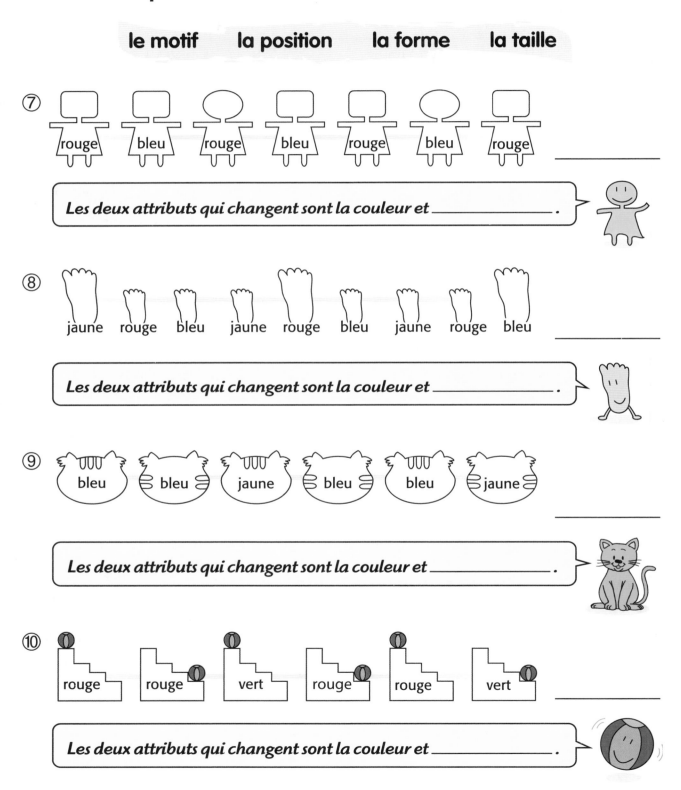

⑦

rouge bleu rouge bleu rouge bleu rouge _____

Les deux attributs qui changent sont la couleur et _____.

⑧

jaune rouge bleu jaune rouge bleu jaune rouge bleu _____

Les deux attributs qui changent sont la couleur et _____.

⑨

bleu bleu jaune bleu bleu jaune _____

Les deux attributs qui changent sont la couleur et _____.

⑩

rouge rouge vert rouge rouge vert _____

Les deux attributs qui changent sont la couleur et _____.

Identifie les deux attributs qui changent dans chaque régularité. Remplis les blancs avec les mots donnés.

la couleur   l'orientation   le motif   la position   la forme   la taille

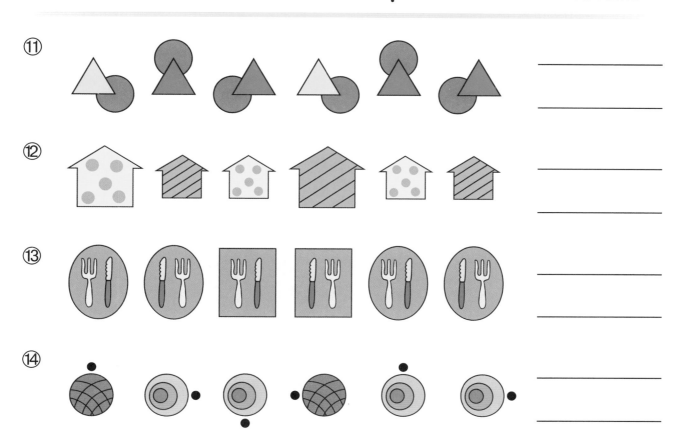

⑪ _____

⑫ _____

⑬ _____

⑭ _____

Décris la régularité.

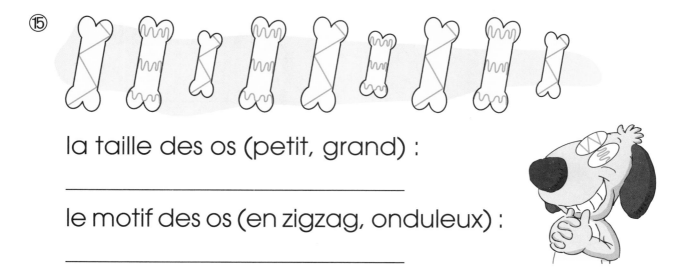

⑮ la taille des os (petit, grand) :

_____

le motif des os (en zigzag, onduleux) :

_____

Le traitement des données

Sam, peux-tu m'aider à classer les boutons?

- Classer des objets par catégories.
- Lire et décrire des données présentées par des traits.
- Utiliser des traits pour noter des données.

Classe le maïs soufflé et écris les lettres sur les bons plateaux.

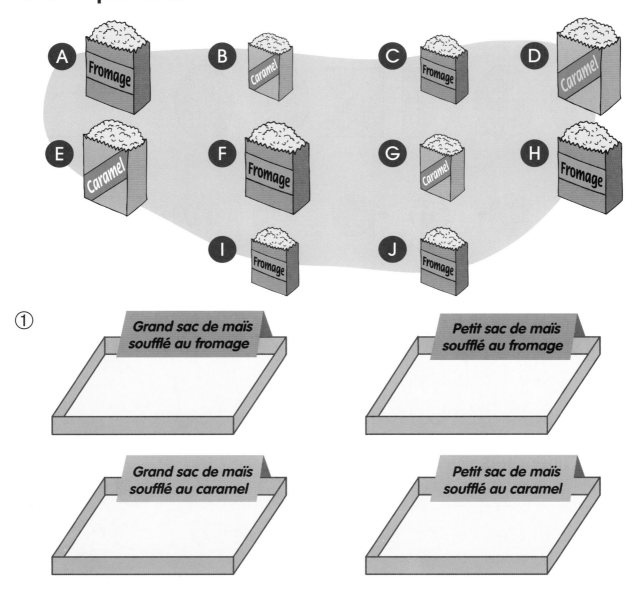

Colorie chaque figure en rouge ou en jaune. Ensuite, classe les figures. Écris les lettres.

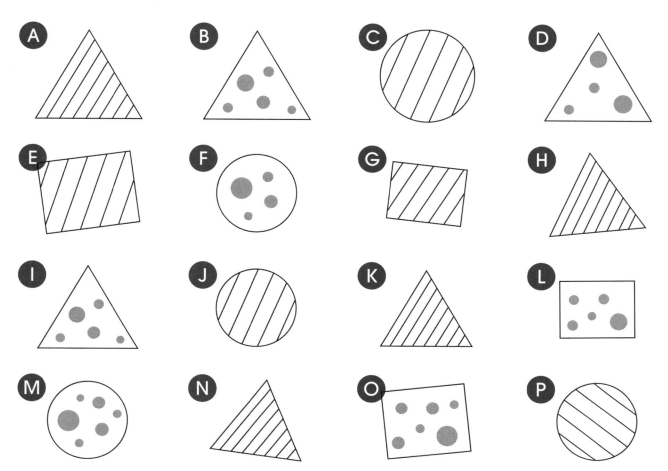

②   **Figures rouges à rayures**

③   **Figures jaunes à points**

④   **Triangles rouges à points**

⑤   **Cercles jaunes à rayures**

Mme Cowan a numéroté les enfants dans sa classe de 1 à 16. Regarde le tableau. Aide-la à utiliser des traits (卌) pour organiser les données. Ensuite, réponds aux questions.

Chandail	Enfants	1	2	3	4	5	6	7	8	9	10	11	12	13	14	15	16
Style	À capuchon	✔		✔	✔		✔		✔	✔		✔	✔			✔	
Style	Sans capuchon		✔			✔		✔			✔			✔	✔		✔
Couleur	Noir		✔		✔	✔			✔		✔						
Couleur	Bleu	✔					✔			✔		✔				✔	✔
Couleur	Rouge			✔				✔					✔	✔	✔		

⑥

A Style de chandail

À capuchon : _____

Sans capuchon : _____

B Couleur de chandail

Noir : _____

Bleu : _____

Rouge : _____

C Type de chandail

Chandail noir à capuchon : _____

Chandail bleu à capuchon : _____

Chandail rouge à capuchon : _____

Chandail noir sans capuchon : _____

Chandail bleu sans capuchon : _____

Chandail rouge sans capuchon : _____

Mme Cowan

⑦ *Si je veux savoir combien d'enfants portent un chandail à capuchon, quel bulletin me faut-il consulter?*

⑧ *Si je veux savoir combien d'enfants portent un chandail rouge sans capuchon, quel bulletin me faut-il consulter?*

Colorie chaque paire de chaussures en bleu ou en marron. Ensuite, complète le tableau et utilise des traits pour présenter les données.

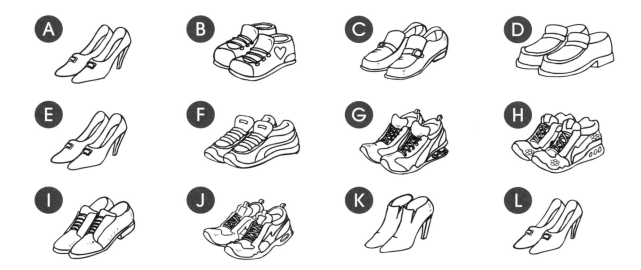

⑨

Chaussures			A	B	C	D	E	F	G	H	I	J	K	L
Couleur	Bleues														
	Marron														
Type	Pour femmes	À lacets													
		Sans lacets														
	Pour hommes	À lacets													
		Sans lacets														

⑩ ## Chaussures pour hommes

Bleues, à lacets : _____

Bleues, sans lacets : _____

Marron, à lacets : _____

Marron, sans lacets : _____

⑪ ## Chaussures pour femmes

Bleues, à lacets : _____

Bleues, sans lacets : _____

Marron, à lacets : _____

Marron, sans lacets : _____

Les pictogrammes

- Lire des pictogrammes et décrire des données à l'aide du vocabulaire mathématique.

- Créer des pictogrammes pour présenter des données à l'aide de titres et de légendes.

> *Notre aliment préféré est le fromage.*

Nos aliments préférés

Regarde le pictogramme. Réponds aux questions.

Sports préférés de la classe de Megan

| Natation | Baseball | Hockey | Patinage | Basketball | Soccer |

Sport

① Quel sport est le plus populaire? _____

② Quel sport les enfants aiment-ils moins que le baseball? _____

③ Combien d'enfants de plus préfèrent-ils le soccer au basketball? ____ de plus

④ Combien d'enfants y a-t-il dans la classe de Megan? ____ enfants

Cathy et Tracy comptent leurs billes. Regarde le pictogramme. Ensuite, réponds aux questions.

Billes de Cathy et de Tracy

Bille

⑤ Combien de billes à rayures les filles ont-elles? ____ billes

⑥ Combien de billes œil de chat les filles ont-elles? ____ billes

⑦ Combien de types de billes y a-t-il en tout? ____ types

⑧ Quel type de billes ont-elles le plus? _____

⑨

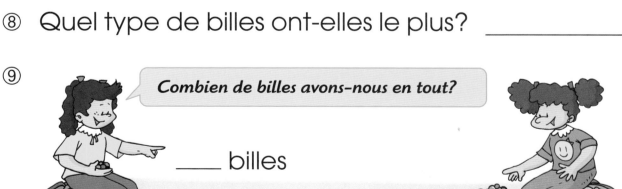

Combien de billes avons-nous en tout?

____ billes

Lis ce que disent les filles. Aide-les à compléter le tableau de traits pour montrer le nombre de figures qu'elles vont faire. Ensuite, complète le pictogramme pour montrer les données.

⑩

Figure	Nombre d'objets
Cercle	‖
Rectangle	‖‖
Carré	
Triangle	

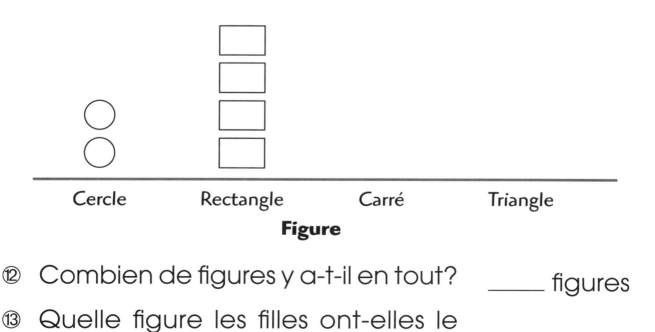

Je veux faire 2 cercles et 4 rectangles.

Nous faisons 8 triangles et 3 carrés.

Je fais 3 cercles, 1 carré et 1 rectangle.

⑪

Nombre de figures faites

Cercle Rectangle Carré Triangle

Figure

⑫ Combien de figures y a-t-il en tout? _____ figures

⑬ Quelle figure les filles ont-elles le plus? _____

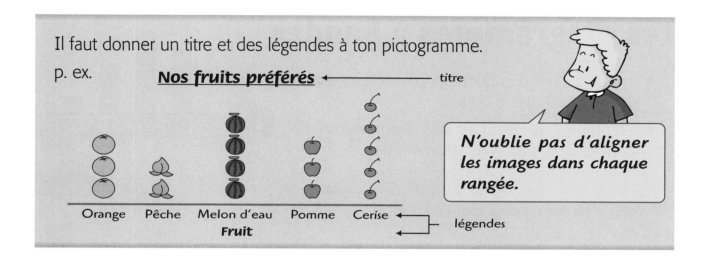

MATHÉMATIQUES

Il faut donner un titre et des légendes à ton pictogramme.

p. ex.

Nos fruits préférés ← titre

Orange · Pêche · Melon d'eau · Pomme · Cerise ← légendes

Fruit

N'oublie pas d'aligner les images dans chaque rangée.

Regarde les cornets de crème glacée qu'ont mangés les enfants le mois dernier. Complète le pictogramme et réponds à la question.

Wayne : 6   Joe : 5   Ann : 3   Mary : 4   Tim : 1

⑭

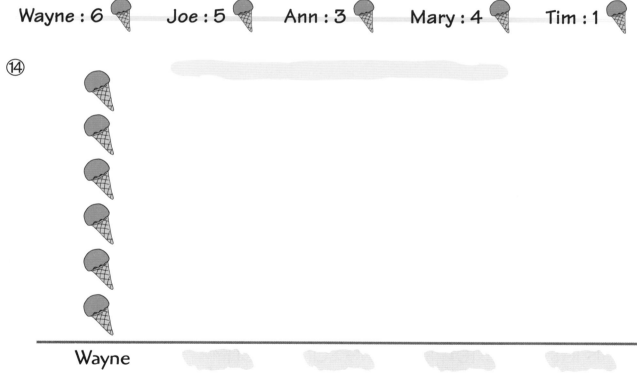

Wayne

Enfant

⑮ *Qui aime la crème glacée le plus? Pourquoi?*

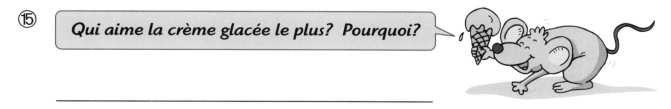

_____

Les diagrammes à bandes

- Lire et décrire des données présentées dans des diagrammes à bandes.

- Compléter ou dessiner des diagrammes à bandes pour présenter des données.

James, ne te sens–tu pas spécial? C'est seulement toi qui as un serpent dans la classe.

Si!

Regarde le diagramme à bandes. Réponds aux questions.

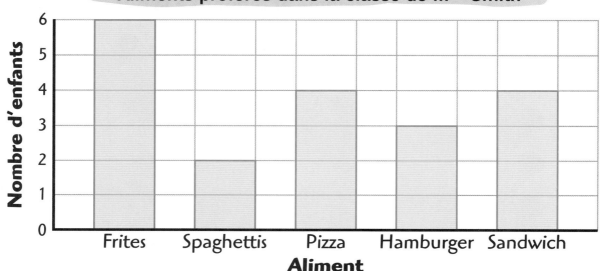

Aliments préférés dans la classe de Mme Smith

① Combien d'enfants aiment-ils la pizza? ____ enfants

② Combien d'enfants de moins aiment-ils les spaghettis que le sandwich? ____ de moins

③ Quel type d'aliments est le plus populaire? _____

④ Combien d'enfants y a-t-il dans la classe de Mme Smith? ____ enfants

Regarde le nombre de boîtes de beignets qu'a vendues Mme Stanley. Regarde le diagramme à bandes. Ensuite, réponds aux questions.

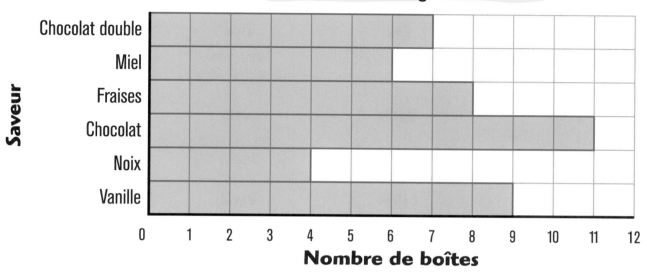

Nombre de boîtes de beignets vendues

⑤ Quel est le titre du diagramme?

_____

⑥ Quelle saveur est la plus populaire?

_____

⑦ Quelle saveur est la moins populaire?

_____

⑧ *Combien de boîtes de beignets au chocolat sont vendues en tout?*

_____ boîtes

⑨ Combien de boîtes de beignets à la vanille de plus sont-elles vendues que de boîtes de beignets aux fraises?

_____ de plus

Regarde ce que mangent comme dîner les enfants. Écris leurs commandes à l'aide de traits dans le tableau ⑩ et coche la lettre dans ⑪. Ensuite, complète le diagramme à bandes et réponds aux questions.

Gary
Sandwich au poulet
Frites

Eva
Sandwich au poisson
Frites

Tina
Hamburger
Rondelles d'oignons

Minnie
Hamburger
Frites

James
Hamburger
Salade

Katie
Sandwich au poisson
Rondelles d'oignons

Joe
Hamburger
Salade

Louis
Sandwich au poulet
Rondelles d'oignons

John
Hamburger
Rondelles d'oignons

Céline
Hamburger
Frites

David
Sandwich au poulet
Salade

Ted
Hamburger
Rondelles d'oignons

Derek
Sandwich au poisson
Frites

Wayne
Sandwich au poulet
Frites

Lily
Sandwich au poisson
Frites

Ali
Hamburger
Salade

⑩

Sandwich	Nombre de commandes	Accompagnement	Nombre de commandes
Hamburger		Salade	
Sandwich au poulet		Frites	
Sandwich au poisson		Rondelles d'oignons	

⑪ Quel est le meilleur titre pour ce diagramme à bandes?

Ⓐ Dîner d'aujourd'hui des enfants

Ⓑ Dîner préféré des enfants

⑫

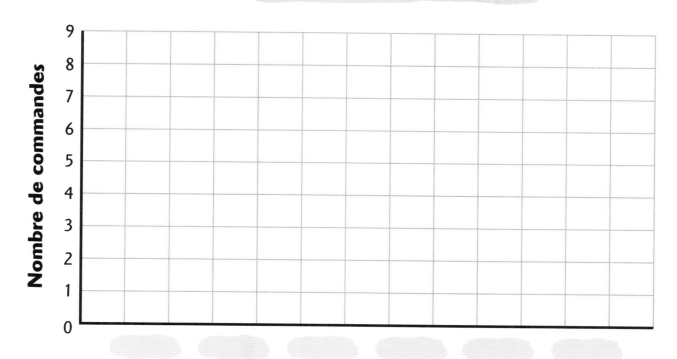

Nombre de commandes

9
8
7
6
5
4
3
2
1
0

⑬ Combien de hamburgers sont-ils commandés?

_____ hamburgers

⑭ Combien de commandes de frites y a-t-il?

_____ commandes

⑮ Combien plus de hamburgers sont-ils commandés que de sandwichs au poisson?

_____ de plus

⑯

Combien de sandwichs sont commandés en tout?

_____ sandwichs

La probabilité

- Utiliser des mots simples comme « impossible », « improbable », « peu probable », « également probable », « plus probable » et « certain » pour décrire la probabilité d'un événement.

Essayez encore la prochaine fois.

Je parie qu'elle veut un collier, ce qui est impossible.

Utilise les mots donnés pour décrire les situations.

impossible   improbable   probable   certain

① a. La température de janvier _____

b. La température de juillet _____

② Si tu colories cette image,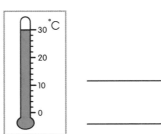

a. il y aura un chien. _____

b. il y aura un poisson colorié. _____

③ a. Tu peux manger une boîte de muffins après ton repas.  _____

b. Une boîte de muffins se gâtera dans une heure. _____

**Regarde les images. Remplis les blancs avec les mots « peu probable »,
« également probable » et « plus probable ».**

④ Marie prend une balle à partir du sac sans regarder.

a. Il est _____ qu'elle prend/prenne une balle à points ou une balle numérotée.

b. Il est _____ qu'elle prend/prenne une balle à rayures qu'une balle à points.

⑤ Judy ferme les yeux et choisit un cornet de crème glacée.

a. Il est _____ qu'elle choisit/choisisse un ▷ qu'un ▷ .

b. Il est _____ qu'elle choisit/choisisse un ▷ qu'un ▷ .

⑥ Peter choisit une boîte de jus.

a. Il est _____ qu'il choisit/choisisse une boîte de jus de pomme qu'une boîte de jus d'orange.

b. Il est _____ qu'il choisit/choisisse une boîte de jus de raisin qu'une boîte de jus de pomme.

Colorie les images selon les phrases. Ensuite, remplis les blancs.

⑦

> *Ces balles sont rouges ou bleues. Si je choisis une balle sans regarder, il est probable que je vais choisir une balle rouge.*

a.

b. Il est plus probable de choisir une balle

_____ qu'une balle _____ .

⑧

> *Les fleurs sont jaunes, rouges ou violettes. Il y a le même nombre de fleurs rouges que de fleurs jaunes. Si je choisis une fleur sans regarder, il est probable que je vais choisir une fleur violette.*

a.

b. Il est également probable de choisir une fleur

_____ ou une fleur _____ .

⑨

> *Mes cartes sont jaunes, vertes ou marron. La plupart de mes cartes sont marron. Si je permets à Lucy de choisir une de mes cartes, il est peu probable qu'elle choisisse une carte jaune.*

a.

b. Il est peu probable de choisir une

carte _____ qu'une carte marron.

Colorie les roues comme indiqué. Ensuite, réponds aux questions.

⑩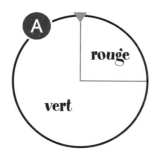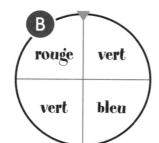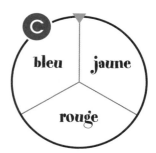

⑪ Quelles couleurs peux-tu obtenir sur chaque roue?

A _____

B _____

C _____

⑫ Est-il plus probable d'obtenir le vert sur la roue **B** que sur celle de **A**? _____

⑬ Est-il peu probable d'obtenir le bleu sur la roue **B** que sur celle de **C**? _____

⑭ Est-il également probable d'obtenir le rouge sur la roue **A** que celle de **B**? _____

⑮ Quant à la roue **C**, est-il également probable d'obtenir toutes les trois couleurs? _____

Lis ce que dit Judy. Aide-la à dessiner les lignes et les images sur la roue.

⑯ J'ai une roue juste. Il est également probable d'avoir 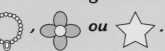 , ou .

Français

L'arc-en-ciel

A. Encercle ◯ les noms de couleur dans le texte.

Aujourd'hui, quand je suis allée à l'école, j'ai vu un bel arc-en-ciel. Les couleurs de l'arc-en-ciel sont le rouge, l'orange, le jaune, le vert, le bleu, l'indigo et le violet.

On dit qu'il y a un trésor caché au bout d'un arc-en-ciel. On croit également que le trésor nous portera bonheur.

Qu'en penses-tu?

B. **Écris les noms de couleur des images sur les lignes.**

1.

_____

2.

_____

3.

_____

4.

_____

5.

_____

6.

_____

C. **Colorie l'arc-en-ciel selon les couleurs données. Ensuite, complète la phrase.**

On croit qu'il y a un

_____ au bout d'un

arc-en-ciel.

En route vers l'école

Le son [k]

Le **son** [k] peut s'écrire de façons suivantes :

- c : **c**a**c**tus (sauf devant e, i et y)
- qu : **qu**atre, é**qu**ipe
- k : **k**aya**k**, **k**laxon

un **k**laxon

A. Encercle ⬭ le son [k] dans le texte.

Un jour, Kevin va à l'école à vélo. Avant de partir, il porte son casque pour rester en sécurité. En route, il voit quelque chose de bizarre : deux perroquets et un kangourou qui tient un bouquet de fleurs. Ils courent après lui.

Kevin se réveille. Il se rend compte qu'il rêvait.

B. **Lis le texte encore une fois. Complète les phrases.**

1. Le garçon dans le texte s'appelle _____ .

2. Il fait du vélo pour aller à l'_____ .

3. Il porte un _____ pour rester en sécurité.

4. En route vers l'école, il y a deux _____ et

   un _____ .

C. **Coche ✔ dans les cercles si les mots des images ont le son [k].**

1.  ◯

2.  ◯

3.  ◯

4.  ◯

5.  ◯

6.  ◯

La chasse au trésor!

Le son [l]

Le **son** [l] s'écrit toujours **l** ou **ll**.

Exemples : **l**ivre, e**ll**e

Si la lettre **l** est après une consonne, on prononce [l] aussi.

Exemples : f**l**acon, p**l**euvoir

A. Encercle ◯ le son [l] dans le texte.

Tous les jours, ma mère court partout dans la maison. Elle cherche ses affaires.

Elle oublie toujours ses clés. Alors, elle regarde la table pour les chercher. Mais les clés sont sur le porte-clés mural à l'entrée. De plus, elle ne peut pas trouver son portable. Mais il est dans son sac.

Il va pleuvoir aujourd'hui. Heureusement, ma mère n'oublie jamais son parapluie. Il est toujours dans sa voiture.

B. Écris les mots du texte selon les images.

1.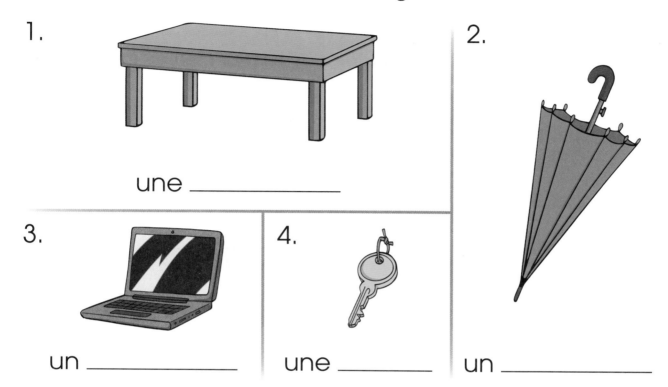

une _____

2.

3.

un _____

4.

une _____

un _____

C. Trace des lignes pour associer les images à leurs sons.

  •

•

• **gl**

  •

• **fl**

 •

• **bl**

À la plage

A. Complète les phrases à l'aide des lettres mêlées et des mots donnés.

plage   amis   sable   mer   ballon   dimanche

1. _____ andimche , nous sommes allés à

la 2. _____ gelap avec nos 3. _____

mias . Nous avons apporté un 4. _____ allbon

de plage.

Il faisait soleil, le 5. _____ lebas était blanc et

la 6. _____ rem était bleue.

Nous avons joué toute la journée. Quand nous

sommes rentrés chez nous, nous étions fatigués.

B. **Regarde les images. Écris les mots sur les lignes.**

amis	nager	sable	dîner	soleil
	mer	ballon	ciel	

Ⓐ le ___ ___ ___ ___

Ⓑ ___ ___ ___ ___ ___

Ⓒ la ___ ___ ___

Ⓓ le ___ ___ ___ ___

Ⓔ le ___ ___ ___ ___ ___

Ⓕ les ___ ___ ___ ___

Ⓖ le ___ ___ ___ ___ ___

Ⓗ le ___ ___ ___ ___ ___

Conservons notre eau

Le son [r]

En général, la lettre **r** se prononce avant ou après une consonne.

Exemples : t**r**ès, p**r**ince, mè**r**e, te**rr**e

Exceptions

les verbes en –er :

conserv**er**

utilis**er**

A.   Encercle ◯ le son [r] prononcé dans le texte.

Nous avons besoin d'eau propre pour vivre.   Voici quelques manières de conserver notre eau :

- Pour se brosser les dents, utiliser un verre d'eau pour rincer la bouche. Rincer la brosse à dents avec l'eau qui reste.

- Prendre une douche rapide.

- Arroser le jardin avec de l'eau d'un baril de pluie.

Conserver notre eau douce, c'est important.   Ne gaspillons pas d'eau et chérissons-la.

B.   Remplis les blancs avec « r » et « rr ».

1.   Il faut p___end___e une douche ___apide.

2.   Il faut ___incer la bouche avec un ve___e d'eau.

3.   A___oser le ja___din avec de l'eau de pluie.

C.   Selon les images, encercle ◯ le son dans chaque mot.

1.

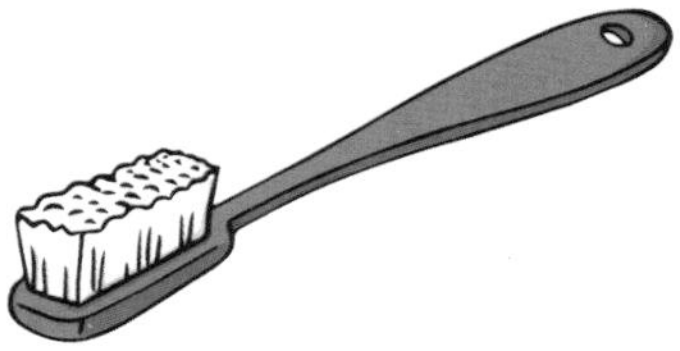

br   cr   dr

2.

tr   gr   pr

3.

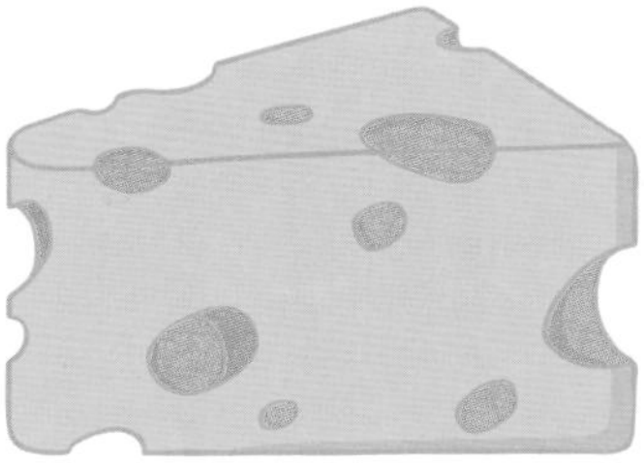

ar   gr   fr

4.

ar   er   ir

5.

gr   tr   vr

6.

ir   or   ur

Serge le serpent

Le son [s]

Le **son** [s] peut s'écrire de façons suivantes :

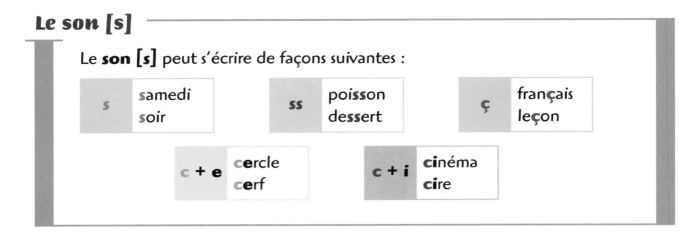

s	samedi soir	**ss**	poisson dessert	**ç**	français leçon		

c + e	cercle cerf	**c + i**	cinéma cire

A.   Encercle ◯ le son [s] dans le texte.

Serge le serpent vit dans la savane. Quand il fait beau, Serge se baigne dans une mare. Là, il rencontre François la salamandre, son ami d'enfance. François saute d'un arbre dans l'eau douce. Il crie : « Serge, viens ici. Jouons ensemble! »

Serge s'exclame : « J'ai tellement sommeil et j'aime rester ici. »

François est déçu et s'en va.

Plus sur la lettre « s »

Quand la lettre **s** se trouve entre deux voyelles. Elle se prononce [z].

Exemple :

deux voyelles

mu**si**que

s = [z]

B. **Écris les mots dans les cases à gauche selon leurs formes du son [s].**

Le son [s]

s :

ss :

ç :

c + e :

c + i :

chaussure

balançoires

oiseau

citron

glaçon

cerf

seau

cuisine

C. **Écris sur les lignes les deux mots qui ont le son [z].**

_____ , _____

7

L'anniversaire de Louis et de Léo

A.   Remplis les blancs pour compléter le texte.

jumeaux

peindre

patiner

anniversaire

Louis et Léo sont 1._____ .   Ils sont nés de leur mère en même temps.   Aujourd'hui, c'est leur 2._____ . Ils ont sept ans. Ils sont frères.

Louis et Léo aiment faire du sport. Ils aiment nager et 3._____ . Ils aiment aussi faire différentes choses.

Louis aime 4._____ ses dessins.   Léo aime jouer aux jeux vidéo.

Louis et Léo sont toujours les meilleurs frères et amis.

B. Écris les mots sur les lignes selon les images.

l'anniversaire   la mère   patiner

nager   le jeu vidéo   peindre

1.

_____

2.

Elle aime _____ .

3.

_____

4.

Il aime _____ .

5.

Elle aime _____ .

6.

_____

8

Les vacances aux Antilles

Le son [j]

Le **son** [j] peut s'écrire de façons suivantes :

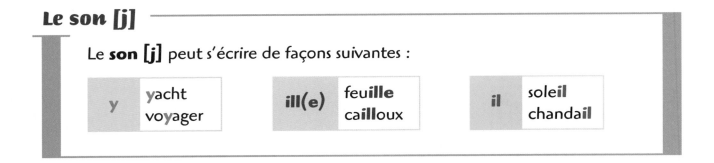

| y | yacht voyager | ill(e) | feuille cailloux | il | soleil chandail |

A.   Encercle ○ le son [j] dans le texte.

Cet été, Camille et sa fille partent en vacances aux Antilles. Il fait soleil. Elles portent leur maillot de bain pour nager. Il y a beaucoup de coquilles et de cailloux à la plage. Elles voient aussi beaucoup de yachts dans la mer.

Elles passent leurs vacances aux Antilles. Quel voyage merveilleux!

B. Lis le texte. Remplis les blancs selon les images.

1. Aux Antilles, il fait _____ .

2. Camille et sa fille portent leur _____ de bain pour nager.

3. À la plage, il y a beaucoup de _____ et de _____ .

C. Encercle les images qui ont le son [j].

9

Les fées des dents autour du monde

Le son [é]

Le **son [é]** peut s'écrire de façons suivantes :

é	épée été

et	le chien **et** le chat

er	pani**er** janvi**er**

es	la fée d**es** dents l**es** enfants

A.   Encercle ◯ le son [é] dans le texte.

Qu'est-ce qui se passe quand on a une dent tombée?

Au Canada et aux États-Unis, on place une dent sous l'oreiller pour attendre la visite de la fée des dents.

Ensuite, la fée des dents prend la dent et donne une pièce de monnaie.

Au Nigéria, les enfants cachent la dent de lait dans le grenier. Donc, la souris ne peut pas la trouver.

B. Regarde chaque image. Encercle ◯ le bon son [é].

1.

bouclier é et épée

2.

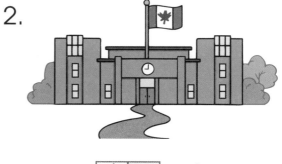

é er cole

3.

b é er bé

4.

fée d er es dents

5.

chant et er

6.

boulang é er

7.

pani er et

10

Les quatre saisons

A. Lis le texte. Écris les mots de saisons selon les images.

Il y a quatre saisons chaque année au Canada: le printemps, l'été, l'automne et l'hiver.

Le printemps débute en mars et termine en mai. Les arbres ont leurs bourgeons.

Nous aimons la neige!

L'été débute en juin et termine en août. Il fait soleil. Les feuilles et l'herbe sont vertes.

Aux mois de septembre, d'octobre et de novembre, c'est l'automne. Les feuilles sont oranges, jaunes et rouges.

L'hiver débute en décembre et termine en février. Il y a beaucoup de neige.

1. _____

2. _____

3. _____

4. _____

B. **Remplis les blancs selon le texte. Ensuite, dessine une image correspondante à chaque saison.**

1. **Le printemps**

m_____   Les arbres ont leurs

avril   _____ .

m_____

2. **L'été**

j_____   Il fait _____ .

j_____   Les feuilles et l'herbe

août   sont _____ .

3. **L'automne**

s_____   Les _____ sont

o_____   oranges, _____

novembre   et rouges.

4. **L'hiver**

d_____   Il y a beaucoup de

janvier   _____ .

février

11

Où aimerais-tu aller?

Le son [è]

Le **son [è]** peut s'écrire de façons suivantes :

ai	chaise fraise	ê	pêche forêt	è	frère lumière

un frère

A.   Encercle ⃝ le son [è] dans le texte.

Il y a de très nombreux endroits que je rêve de visiter.

J'aimerais aller en France. Les Français pourraient m'apprendre à faire des crêpes aux fraises.

J'aimerais aller en Irlande. Je pourrais fêter la Saint-Patrick avec mes amis irlandais.

Après, j'aimerais aller à Montréal. Je pourrais manger de la poutine formidable.

Montréal

B. Colorie les images qui ont le son [è].

1.

un balai

2.

une pêche

3.

une clé

4.

une forêt

5.

des maisons

C. Écris « ai », « ê » ou « è » pour chaque mot.

lumi____re

cuisini____re

cr____pes

fr____ses

12

Le sandwich

> « Sandwich » et « lunch » sont des mots anglais. On prononce donc [tch].

La prononciation de « ch »

Les lettres **ch** peuvent se prononcer :

[sh]	chien bouche	[tch]	sandwich lunch

A. Encercle ◯ les sons [sh] et [tch] dans le texte.

Qui a inventé le sandwich? On pense que c'est John Montagu, un aristocrate anglais avec un titre spécial : le quatrième comte de Sandwich.

Cet homme aimait jouer aux cartes chez lui. Il n'avait pas assez de temps à manger. Donc, il a recherché un chef. Et il lui a demandé de préparer de la viande avec deux tranches de pain. John Montagu a donc mangé le premier sandwich du monde.

B. Trace une ligne pour associer les lettres « ch » de chaque mot à un bon son.

1.

un chocolat

2.

un sandwich

3.

un chat

4.

un match

- [sh]

- [tch]

C. Nomme les vêtements de John Montagu.

un chapeau

une chaussure

des chaussettes

une chemise

13

Les trois petits cochons

Le son [on]

Le **son [on]** peut s'écrire de façons suivantes :

on	avi**on** garç**on**

om	tri**om**phe tr**om**pette

l'Arc de tri**om**phe

une cheminée

des briques

A. Encercle ⃝ le son [on] dans le texte.

Les trois petits cochons font leurs maisons. Le premier fait une maison en paille; le deuxième, une maison en bois; le troisième, une maison en briques.

Bientôt, un loup vient souffler les maisons. Mais la maison en briques est forte. Il passe donc par la cheminée. Mais il tombe sur le feu que les cochons ont allumé. Il se brûle et quitte. Les cochons sont contents.

« on » ou « om »

Les lettres **om** s'écrivent avant les lettres **b** ou **p**.

Exemples :

un conc**om**bre

un p**om**pier

Exception :

un b**on**bon

B.   Écris « on » ou « om » pour le son [on] dans chaque mot.

1.

des b____bons

2.

une p____pière

3.

un ball____

4.

les trois petits coch____s

5.
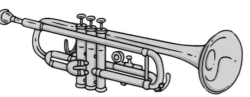

une tr____pette

14

Le Nunavut

A. Complète le texte avec les mots donnés.

> froid   plantes   pôle
> territoire   Nunavut
> soleil   nuit

Le N_____ est un

grand t_____

au nord du Canada.

Il se trouve près du

p_____ Nord.

Il fait très f_____ .

Donc, beaucoup de p_____ ne poussent

pas.

Au Nunavut, il y a six mois de n_____ et six

mois de jour. Il ferait soleil à 21 h en juin.

Aimes-tu te coucher le soir quand il fait

s_____? Aimes-tu aller à l'école la nuit?

B. **Démêle les lettres sur les igloos. Écris les mots.**

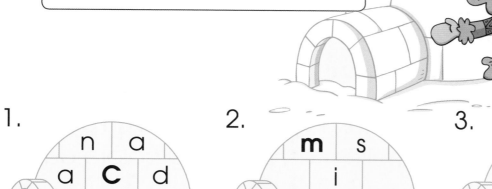

En inuktitut, langue parlée au Nunavut, igloo signifie « maison ». C'est une maison traditionnelle faite de blocs de neige.

1.

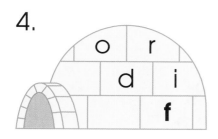

n a
a **C** d
a

C _____

2.

m s
i
o

_____

3.

a u
v **N** u
n t

_____

4.

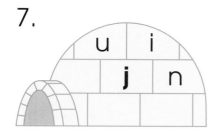

o r
d i
f

_____

5.

l e
ô
p

_____

6.

r d
o **n**

_____

7.

u i
j n

_____

8.

i t
n
u

_____

9.

u r
j o

_____

15

Le papillon

A. Complète le cycle de vie du papillon avec les mots soulignés dans le texte.

Il y a un petit <u>œuf</u> sur une feuille. Ensuite, l'œuf éclot et devient une <u>chenille</u>. La chenille mange et grandit. Elle forme un couvercle autour de son corps. Elle devient une <u>pupe</u>.

Après quelques semaines, la pupe éclot et un <u>papillon</u> naît. Le papillon femelle n'est pas aussi coloré que le mâle.

Le papillon vole de fleur en fleur pour manger du nectar.

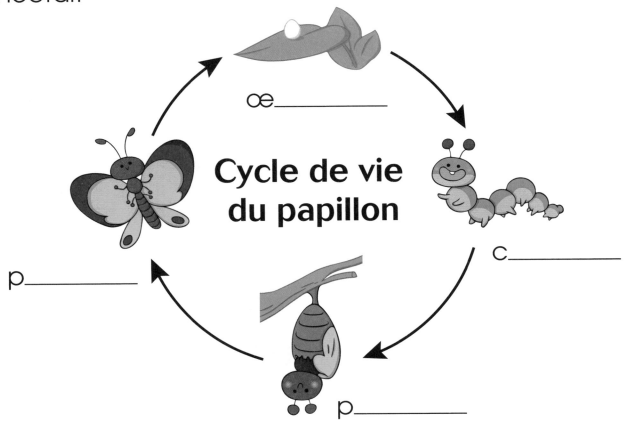

œ_____

Cycle de vie du papillon

c_____

p_____

p_____

B. Complète les phrases à l'aide des images et des mots donnés.

BANQUE DE MOTS

œuf   feuille   pupe

fleurs   chenille   papillon

1.	2.	3.	4.	5.	6.

Un petit 1._____ se trouve sur une 2._____ .

L'œuf éclot et devient une 3._____ .

La chenille devient une 4._____ .

La pupe éclot et un 5._____ naît.

Le papillon mange du nectar des 6._____ .

16

Les cinq sens

A. Remplis les blancs avec les mots de cinq sens.

Nous avons cinq sens : le **toucher**, l'**odorat**, la **vue**, l'**ouïe** et le **goût**.

L'o_____ (m.)

Le nez nous permet de sentir des odeurs.

Le t_____

Les mains nous permettent de toucher des choses.

La v_____

Les yeux nous permettent de voir tout ce qui nous entoure.

L'o_____ (f.)

Les oreilles nous permettent d'entendre des sons.

Le g_____

La langue nous permet de goûter des saveurs d'aliments.

B. Écris deux mots qui correspondent à chaque sens.

> images   musique   langue   doux   nez
> arôme   yeux   mains   oreilles   doigts

l'ouïe : _____ , _____

la vue : _____ , _____

l'odorat : _____ , _____

le goût : _____ , _____

le toucher : _____ , _____

C. Trace des lignes pour associer les icônes de cinq sens aux phrases.

• J'entends les oiseaux chanter.

• La fleur sent bon.

• Il voit un arbre.

• Marie goûte au gâteau.

• Toucher cet arbre, c'est rugueux.

La Tomatina
– la fête la plus bizarre du monde

La Tomatina est une fête bizarre à Buñol, en Espagne. À l'origine, elle a été une dispute parmi les jeunes il y a 70 ans. Aujourd'hui, des gens autour du monde viennent la célébrer chaque année.

Les habitants de Buñol organisent une « bataille » de tomates! En août, les tomates sont bien mûres. On conduit des camions pleins de tomates au centre-ville. Ensuite, les participants lancent des tomates pour presque deux heures! Ils rient et s'amusent lors de cette fête!

A. Encercle ◯ les mots reliés à la Tomatina.

août   Buñol   bizarre

Espagne   tomates   centre-ville

Canada   avril   camions

fête   mûres   célébrer

B. Écris les lettres pour les associer aux définitions.

A la durée de la Tomatina

B une petite ville d'Espagne

C le mois où sont mûres les tomates

1. août _____

2. deux heures _____

3. Buñol _____

Les articles définis

Un **article défini** se place devant un nom. Il s'accorde en genre (m./f.) et en nombre (sg./pl.).

 f. sg. = la

la tomate

 f. pl. = les

les tomate**s**

	m.	f.
sg.	le (l')	la (l')
pl.	les	

Quand **le** et **la** se placent devant **a**, **e**, **i**, **o**, **u** ou **h**, ils s'écrivent **l'**.

l̶e̶ enfant ⟶ **l'**enfant

C. **Écris les articles définis selon les noms.**

 le

 la

 les

 l'

1. _____ habitant (m.)

2. _____ habitants

3. _____ fête (f.)

4. _____ fêtes

5. _____ camion (m.)

6. _____ camions

7. _____ heure (f.)

8. _____ heures

9. _____ printemps (m.)

10. _____ été (m.)

Les articles définis et les genres

On peut identifier le **genre** d'un nom selon les **articles définis**.

Exemples :

Exemples :
| le | festival |

nom masculin

le = masculin

| la | fête |

nom féminin

la = féminin

Les et **l'** peuvent être au masculin ou au féminin. Il faut donc utiliser **(m.)** et **(f.)** pour désigner le genre.

Exemples : l'homme **(m.)** = nom masculin

les femmes **(f.)** = nom féminin

D. Encercle ◯ l'article défini dans chaque phrase. Ensuite, écris « masculin » ou « féminin » pour chaque mot.

1. La Tomatina commence à 10 heures. _____

2. Paolo court après les camions (m.). _____

3. Après, Paolo nettoie le centre-ville. _____

4. Toutes les rues (f.) sont remplies de tomates. _____

5. Paolo y participera l'année (f.) prochaine. _____

un album de timbres

Mon passe-temps spécial

J'ai un passe-temps spécial. C'est la collection de timbres. Mon père m'a donné ses albums de timbres. Maintenant, j'ai beaucoup d'albums!

J'ai des timbres autour du monde. Mon cousin m'a envoyé deux timbres spéciaux d'Italie. Ils sont dans mon album.

Les timbres portent différentes images. Par exemple, un timbre de Hong Kong porte un oiseau noir et blanc. Un timbre du Canada porte le logo des Jeux olympiques d'hiver de 2010.

J'aime collectionner des timbres.

des timbres

A. Complète les mots croisés à l'aide des indices.

Horizontal

A. loisirs

B. cahier de collection

C. pays en Europe

D. image d'une marque

Vertical

1. morceau de papier sur une lettre

2. pas commun

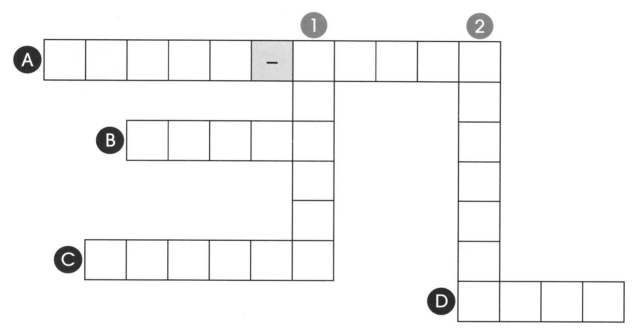

B. Dessine et colorie ton timbre. Écris une phrase pour le décrire.

Les verbes et la conjugaison

Un **verbe** exprime un état ou une action du sujet.

Exemples : Ils sont contents.
　　　　　 ↑— état

　　　　　 Éric parle.
　　　　　 　　　↑— action

*Je **suis** heureux. (état)*
*Je **chante**. (action)*

Les verbes changent de formes selon la personne et le temps. C'est une **conjugaison**.

Exemples : je regard<u>e</u>, tu regard<u>es</u>, nous regard<u>ons</u>

C.　Encercle ◯ le verbe conjugué dans chaque phrase.

1. Aimée part en vacances en Italie.

2. Il fait soleil en été.

3. Elle visite la tour de Pise.

4. La tour de Pise est grande.

5. Beaucoup de touristes montent dans la Tour.

6. Aimée prend une photo d'elle avec la Tour.

C'est la tour de Pise.

La conjugaison des verbes en -er

Beaucoup de **verbes** en français se terminent par **-er**.

Exemples : parl<u>er</u>, aim<u>er</u>, aid<u>er</u>, donn<u>er</u>

Pour conjuguer les verbes en **-er** au présent :

parl<u>er</u> ⟶ parl~~er~~ ⟶ parl + terminaisons

*Avant **a**, **e**, **i**, **o**, **u** ou **h**, je devient **j'**.

Exemple : ~~Je~~ <u>a</u>ime ⟶ **J'**aime

parler	
je*	parl**e**
tu	parl**es**
il	parl**e**
elle	parl**e**
nous	parl**ons**
vous	parl**ez**
ils	parl**ent**
elles	parl**ent**

D. Écris la bonne forme du verbe selon chaque image.

1.

nager

Il _____ .

2.

danser

Elles _____ .

3.

Salut!

parler

Vous _____ .

4.

écouter

J' _____ .

5.

pleurer

Tu _____ .

6.

jouer

Nous _____ .

Frère la lune et *Sœur le soleil*

C'est une histoire inuite. La nuit, une jeune fille reste toute seule chez elle. Quelqu'un y entre, éteint la lumière et tire les cheveux de la jeune fille. Cette personne court tout à coup.

La jeune fille veut savoir qui l'a fait. Elle met donc des cendres sur les cheveux et attend.

Le visiteur revient lui tirer les cheveux de la fille. La fille lui court après. Elle voit que les mains de son frère sont remplies de cendres. Elle est fâchée. Elle prend une torche et court. Son frère lui court après. Les deux courent trop vite et volent dans le ciel.

La fille devient le soleil avec sa torche. Son frère devient la lune.

A. **Démêle les lettres. Écris les mots contraires des mots donnés.**

1 ombre

è i r e m l u

l _____

2 jour

i t u n

_____

3 ensemble

l e u s e

_____

4 quitte

s e t r e

_____

5 lent

t e v i

_____

6 heureuse

c â h é f e

_____

B. **Coche ✔ la bonne phrase dans chaque paire.**

1. A La fille reste toute seule chez elle le matin.

   B La fille reste toute seule chez elle la nuit.

2. A Quelqu'un éteint la lumière.

   B Quelqu'un allume la lumière.

3. A La fille met des cendres sur les cheveux.

   B La fille met de l'eau sur les cheveux.

4. A La fille devient la lune.

   B La fille devient le soleil.

Les phrases déclaratives

Une **phrase déclarative** décrit des informations de quelqu'un ou de quelque chose. Elle commence par une lettre majuscule et se termine par un point (.).

Exemple :

Elle a de longs cheveux.
↑ majuscule   ↑ point

C.   Colorie les soleils pour les phrases déclaratives.

1. La lune et le soleil sont le frère et la sœur.

2. Il devient la lune.

3. Est-ce que tu aimes cette légende inuite?

4. Arrête de courir!

5. La jeune fille court avec une torche.

6. Ne me suis pas!

7. Éteint-il la lumière?

8. Quelqu'un tire les cheveux de la fille.

D. Mets les mots dans l'ordre pour former des phrases déclaratives.

1. y   il   aujourd'hui   soleil   du   a

_____

2. brille   soleil   le   fort

_____

3. est   lune   la   ce   soir   lumineuse

_____

4. comme   miroir   est   un   elle

_____

E. Écris deux phrases déclaratives pour décrire l'image avec les mots donnés.

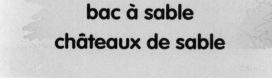

bac à sable
châteaux de sable

1. _____

2. _____

L'horoscope

chinois

Connais-tu les termes *Gémeaux*, *Verseau* ou *Balance*? Ce sont des signes de l'horoscope. Ils dépendent du mois de notre naissance. On utilise l'horoscope pour prédire notre avenir.

Il y a une chose très similaire en Chine – l'horoscope chinois. Il se compose de douze animaux. Chaque animal représente l'année de naissance. Consulte cette liste selon ton année de naissance :

2008 – Rat	2009 – Bœuf	2010 – Tigre
2011 – Lapin	2012 – Dragon	2013 – Serpent
2014 – Cheval	2015 – Chèvre	2016 – Singe
2017 – Coq	2018 – Chien	2019 – Cochon

Quel animal représente 2020?

A. Écris les animaux de l'horoscope chinois selon les images.

2008

1. _____

2009

2. _____

2010

3. _____

2011

4. _____

2012

5. _____

2013

6. _____

2014

7. _____

2015

8. _____

2016

9. _____

2017

10. _____

2018

11. _____

2019

12. _____

Les phrases interrogatives

Il y a trois types de **phrases interrogatives** :

· Intonation

Exemple : Vous êtes Gémeaux?

· Est-ce que + phrase

Exemple : <u>Est-ce que</u> vous êtes Gémeaux?

· Inversion (verbe-sujet)

Exemple : Êtes-vous Gémeaux?

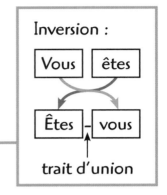

B. Écris si les phrases interrogatives sont « intonation », « est-ce que » ou « inversion ».

1. Connais-tu l'horoscope chinois? _____

2. Est-ce que le Chat est un horoscope chinois? _____

3. Les Canadiens s'intéressent à l'horoscope chinois? _____

4. Ta sœur croie à l'horoscope chinois? _____

5. Est-ce que ton frère est Singe? _____

6. Sont-ils nés en 2002? _____

C. Corrige et réécris les phrases interrogatives.

1. Est-ce vous connaissez votre horoscope chinois?

   _____

2. Tu crois à ton horoscope chinois.

   _____

3. Est il né dans l'année de la Chèvre?

   _____

D. Lis les réponses. Ensuite, complète les phrases interrogatives.

1.

   Est-ce que _____

   _____

   Oui, le Rat est le premier animal de l'horoscope chinois.

2. Tes parents _____

   Oui, mes parents sont Dragons.

3. _____-elles _____

   Oui, elles aiment l'horoscope chinois.

Les s'mores

Au camping, on aime manger des « s'mores ». C'est facile à les faire. D'abord, placer deux biscuits dans une assiette.

Ensuite, faire passer une guimauve sur un long bâton. Faire cuire la guimauve à l'aide du feu. Attention, ne pas la brûler.

Une fois cuite, mettre la guimauve sur un morceau de chocolat avec un biscuit. Enfin, placer un autre biscuit sur la guimauve et l'appuyer doucement. Bon appétit!

« S'more » est un mot anglais. Qu'est-ce qu'il signifie? Tiens, si tu manges un s'more, tu en veux plus (some more)!

A. **Colorie les choses pour faire un s'more.**

B. **Mets les phrases dans l'ordre. Écris-les sur les lignes.**

- Placer un morceau de chocolat sur un biscuit.
- Bon appétit!
- Faire cuire la guimauve à l'aide du feu.
- Placer un autre biscuit sur la guimauve.

1. _____

2. _____

3. _____

4. _____

Les pronoms sujets (1)

Un **pronom sujet** remplace le nom d'une personne dans une phrase.

singulier	je	tu	il	elle
pluriel	nous	vous	ils	elles

C. Selon les mots donnés, écris leur propre pronom sujet.

1. Jean et Pierre _____

2. moi _____

3. Maman et moi _____

4. toi _____

5. Lara _____

6. Pierre _____

7. Lara et Anne _____

8. Tes amis et toi _____

je

tu

il

elle

nous

vous

ils

elles

Les pronoms sujets (2)

Au singulier, le **pronom sujet** « **vous** » a le même sens avec « **tu** ».

« Vous » est formel pour : personne inconnue, professeur(e), etc.

*Comment allez-**vous**, madame?*

« Tu » est informel pour : ami(e), membre de famille, etc.

__Tu__ vas bien?

Très bien, merci!

D. Écris « tu » ou « vous » pour chaque scénario.

1.

Bonjour, comment allez-_____ ?
Je m'appelle Éric.

Enchantée, Éric. Moi, je m'appelle Anne.

2.

Qu'est-ce que _____ fais, papa?

Je lis un livre.

3.

_____ es toujours ma meilleure amie, Élise.

L'origine du nom *Canada*

Apprendre les noms de pays, c'est amusant. Par exemple, le nom *Chine* signifie « le royaume du milieu » ; *Japon*, « l'origine du soleil » ; *Namibie*, « la région où il n'y a rien ».

Alors, d'où provient *Canada*?

On croit que *Canada* provient du nom autochtone « kanata ». Il signifie « village » ou « groupe de cabanes ».

En 1867, on a choisi le nom *Canada* pour un nouveau pays qui comportait le Québec, l'Ontario, la Nouvelle-Écosse et le Nouveau-Brunswick.

A. **Trace des lignes pour associer les noms de pays à leurs significations.**

 le Canada •

la Chine •

le Japon •

la Namibie •

• **A** l'origine du soleil

• **B** village

• **C** la région où il n'y a rien

• **D** le royaume du milieu

B. **Colorie les feuilles d'érable si les phrases sont vraies.**

1. La Namibie est un pays.

2. *Kanata* est un mot français.

3. Le nom *Canada* a été choisi en 1967.

4. Le nouveau pays comportait le Québec, l'Ontario, la Nouvelle-Écosse et le Nouveau-Brunswick.

un érable

Les sujets

Une phrase a deux parties : un **sujet** et un prédicat.

Le **sujet** désigne de quoi s'agit la phrase.

Exemple :   L'<u>érable</u> est beau.
                     sujet

C.   Encercle ⭕ le sujet dans chaque phrase.

1.   Le Canada est un grand pays.

2.   Ottawa est la capitale du Canada.

3.   Les touristes aiment visiter la colline du Parlement.

4.   Le castor est l'un des symboles du Canada.

5.   L'Ontario est une province canadienne.

6.   L'hiver canadien fait très froid.

7.   Le français et l'anglais sont les langues officielles du Canada.

Les prédicats

Le **prédicat** d'une phrase désigne ce que fait ou est le sujet.

Exemple : <u>Tout le monde</u> <u>aime le sirop d'érable</u>.
          sujet   prédicat

D. Souligne le prédicat de chaque phrase.

1. Denise va me rendre visite cet été.

2. Nous nous sommes installés à Montréal.

3. Je suis allé à l'école Sacré-Cœur.

4. Mes camarades de classe étaient aimables.

5. J'envoie toujours des courriels à mes amis à Montréal.

6. Ma famille est venue au Canada il y a cinq ans.

Bienvenue au Canada

Le passe-temps
de ma grand-maman

Ma grand-maman a un passe-temps. Elle aime tricoter. Elle m'a tricoté des chandails et des écharpes.

Un jour, grand-maman a décidé de tricoter de petites tuques pour les bébés à l'hôpital.

Elle a utilisé des laines spéciales pour ces petites tuques. Elles étaient très petites! Elle m'a dit que ces bébés sont nés trop tôt.

Ces bébés restent à l'hôpital pendant des semaines ou même des mois. Quand ils rentrent chez eux, ils seront plus grands et en bonne santé.

Je pense que ma grand-maman fait un bon travail!

A. Coche ✔ les laines si les phrases sont vraies.

1. Grand-maman aime tricoter.

2. Grand-maman tricote de petites tuques pour le garçon.

3. Les bébés à l'hôpital sont nés trop tôt.

4. Grand-maman tricote des écharpes pour les bébés.

5. Selon le garçon, sa grand-maman fait un bon travail.

B. Dessine une image de ton passe-temps. Ensuite, écris une phrase pour décrire ton passe-temps.

Mon passe–temps

J'aime collectionner des cartes de hockey. Qu'est-ce que tu aimes faire?

Le verbe « être »

Le **verbe** « **être** » sert à décrire l'état du sujet d'une phrase. La conjugaison du verbe « être » est irrégulière :

Exemples : Je <u>suis</u> élève.

Les filles <u>sont</u> heureuses.

Nous <u>sommes</u> Canadiens.

singulier	pluriel
je **suis**	nous **sommes**
tu **es**	vous **êtes**
il **est**	ils **sont**
elle **est**	elles **sont**

C. **Remplis les blancs avec les bonnes formes du verbe « être ».**

suis   es   est   sommes   êtes   sont

1. Nous _____ chez notre grand-maman.

2. Tu _____ douée en tricot.

3. Les tuques _____ très belles.

4. Le chat _____ en train de jouer avec une laine.

5. Vous _____ passionnée de tricot.

6. Je _____ fier de ma grand-maman.

D. Colorie les bonnes formes du verbe dans les cases.

1. Grand-maman, tu | est | es | êtes | gentille.

2. Vous | êtes | suis | est | en train de tricoter.

3. Les tuques | sommes | sont | suis | petites.

4. Je | êtes | suis | es | passionné de vélo.

5. L'hôpital | est | es | êtes | près de chez nous.

6. À quelle heure | sont | est | es |-tu rentrée chez toi?

7. Ma tuque | sont | est | es | colorée.

> *Écris une phrase pour décrire ta tuque. Tu peux la décrire sa taille, sa couleur et son tissu.*

_____

_____

_____

Miam-miam... la poutine!

La poutine est un plat populaire au Canada. Elle a été inventée au Québec il y a environ 60 ans.

Elle se compose de frites, de fromage et de sauce brune. Quand la sauce brune fait fondre le fromage, elle est délicieuse!

Dans le monde, il y a différents types de poutines. Par exemples, en Italie, on remplace la sauce brune par la sauce à spaghetti.

N'oublie pas d'utiliser une fourchette pour manger ta poutine. Miam-miam!

A.   Lis le texte. Encercle ⬭ les bonnes réponses.

1.   On a inventé la poutine environ il y a ___ ans.

    40   50   60

2.   La poutine a été inventée ___ .

    au Québec   en Ontario   en Alberta

3.   Les trois ingrédients de la poutine sont les frites, la sauce brune et le ___ .

    beurre   fromage   maïs

4.   En Italie, on mange de la poutine avec de la ___ .

    crème   mayonnaise   sauce à spaghetti

B.   Trouve les mots du texte pour remplacer les mots soulignés.

1.   La poutine est <u>miam-miam</u>.   _____

2.   La poutine est un <u>mets</u> populaire au Canada.   _____

3.   Il y a <u>divers</u> types de poutines au monde.   _____

4.   Il faut <u>se servir d'</u>une fourchette pour manger de la poutine.   _____

Le verbe « faire »

Le **verbe** « **faire** » a différentes formes de conjugaison au présent. On le dit « verbe irrégulier ».

singulier	pluriel
je fais	nous fais**ons**
tu fais	vous fai**tes**
il fait	ils f**ont**
elle fait	elles f**ont**

Exemple :

Claudette <u>fait</u> une poutine.

C. Remplis les blancs avec les bonnes formes du verbe « faire ».

1. Je _____ un gâteau pour son anniversaire.

2. Qu'est-ce que vous _____ ?

3. Nous _____ du ski en hiver.

4. Elle _____ de la musique.

5. Marie et Paul _____ la vaisselle.

6. Tu _____ de l'escalade.

Les expressions du verbe « faire »

Il y a beaucoup d'**expressions** avec le **verbe** « **faire** » :

- activités sportives : Jean <u>fait</u> du vélo.
- musique : Je <u>fais</u> du piano.
- tâches ménagères : Nous <u>faisons</u> le lit.
- temps : Il <u>fait</u> soleil.

D. Écris les lettres dans les cercles selon les images.

A Ta famille et toi faites du ménage.

B Nous faisons de la danse.

C Anaïs fait de la guitare.

D Il fait du vent.

La mer salée
un conte des Philippines

Il était une fois, l'eau de mer avait le goût de la pluie. Un géant gardait le sel dans sa grotte de l'autre côté de la mer. Les gens pouvaient traverser la mer pour aller chercher du sel.

Un jour, il y avait une grosse tempête. Le géant s'est étiré la jambe. Les gens ont pu aller chercher du sel.

Mais sa jambe a déposé sur une fourmilière. Les fourmis ont commencé à la mordre. Douloureux, le géant a laissé tomber la jambe. Les gens et leurs sacs remplis de sel sont tombés dans la mer. Enfin, la mer est devenue salée.

un géant

des fourmis

une grotte

une fourmilière

SEL

A. Lis le texte. Colorie les bonnes réponses.

1. La mer avait le goût de la __ il y a très longtemps.

2. Le géant gardait le sel dans une __ .

3. Un jour, il y avait une __ .

4. Les __ ont mordu la jambe du géant.

5. Les sacs des gens étaient remplis de __ .

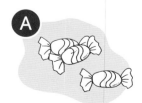      

Le passé composé

Le **passé composé** exprime une action dans le passé. Voici la formation :

avoir au présent	$+$	participe passé

Exemples : Tu **as mangé**.

Nous **avons choisi**.

Elles **ont rendu**.

participe passé
· manger → mang**é**
· finir ⟶ fin**i**
· perdre → perd**u**

B. Complète les mots croisés avec les verbes au participe passé.

Horizontal

A. répondre
B. commencer
C. laisser
D. sortir

Vertical

1. tomber
2. remplir
3. étirer
4. vendre
5. trouver

C. Écris les participes passés des verbes entre parenthèses ( ).

1. Les gens ont (chercher) _____ du sel.

2. Le géant a (aider) _____ les gens à traverser.

3. Les fourmis ont (mordre) _____ le géant.

4. Le sac est (remplir) _____ de sel.

D. Conjugue les verbes en gras au passé composé. Réécris le texte.

Maman **prépare** une soupe aux légumes aujourd'hui. Elle **coupe** les pommes de terre, les carottes et les tomates. J'**aide** maman à les laver. Ensuite, elle **ajoute** les légumes dans la marmite. Après une heure, nous **finissons** notre soupe.

Maman a préparé une soupe aux légumes hier. _____

_____

_____

_____

_____

une radiographie

un plâtre

Le poignet cassé de Thérèse

La semaine dernière, ma sœur Thérèse est tombée de son vélo. Heureusement, elle portait son casque, mais elle s'est cassé le poignet.

Mon père et moi l'avons emmenée à l'hôpital. Elle a dû faire passer son poignet par une radiographie. Une infirmière lui a posé un plâtre au poignet.

Après un mois, elle peut faire du vélo. Pour se protéger, elle porte un casque, des protège-coudes, des protège-genoux et des protège-poignets.

C'est très important de nous protéger quand nous faisons du sport.

A. **Écris ce que Thérèse porte pour faire du vélo.**

1. un _____

2. des _____

3. des _____

4. des _____

B. **Lis le texte. Réponds aux questions.**

1. Pourquoi Thérèse s'est-elle cassé le poignet?

_____

2. Qui a emmené Thérèse à l'hôpital?

_____

3. Qui lui a posé un plâtre au poignet de Thérèse?

_____

L'accord du participe passé avec « être »

Certains verbes au passé composé sont accompagnés d'**être**. Le **participe passé** s'accorde avec le sujet :

Règle d'accord		
	singulier	**pluriel**
	–	+s
	+e	+es

Exemples :

· <u>Le garçon</u> est <u>allé</u> au parc.
  sg. m. —

· <u>La fille</u> est <u>allée</u> au parc.
  sg. f. +e

· <u>Les garçons</u> sont <u>allés</u> au parc.
  pl. m. +s

· <u>Les filles</u> sont <u>allées</u> au parc.
  pl. f. +es

C. **Encercle ◯ le bon participe passé dans chaque phrase.**

1. Simon est **parti / partis** pour ses vacances.

2. Ma sœur est **rentré / rentrée** chez elle.

3. Simon et Jean se sont **amusés / amusées** dans le parc.

4. Marie et Agnès sont **nés / nées** en septembre.

5. Ma grand-mère est **arrivée / arrivées** au Canada.

D. Coche ✔ dans les cercles si les participes passés soulignés sont corrects, sinon barre ✘ et réécris les phrases.

1. Isabelle est <u>allé</u> à l'école à pied. ◯

   correct : _____

2. Anaïs et Mylène sont <u>arrivées</u> à Trois-Rivières. ◯

   correct : _____

3. Mes cousins sont <u>venu</u> me voir à Québec. ◯

   correct : _____

4. Nicolas et son fils se sont <u>levés</u> tôt ce matin. ◯

   correct : _____

5. Elles sont <u>partis</u> en vacances la semaine dernière. ◯

   correct : _____

6. Charlotte et Sophie se sont <u>promenée</u> avec leur chien. ◯

   correct : _____

   _____

   _____

Quand **grand-maman** était petite

Aujourd'hui, ma grand-maman me donne une nouvelle tirelire et une pièce de deux dollars.

Alors, elle me raconte son histoire. Quand elle était petite, elle est allée à une foire avec son papa. Il lui a donné une pièce de un dollar.

Il a dit : « Tu peux acheter des bonbons ou un poussin. Le poussin va grandir et pondre des œufs. Bientôt, tu vas pouvoir les vendre pour gagner de l'argent. »

Elle voulait des bonbons, mais elle a décidé d'acheter un poussin.

Chez elle, son père lui a donné des bonbons.

A. Lis, dessine et écris.

- Dessine des pièces de monnaie dans la tirelire.
- Dessine une chose que tu veux acheter à côté de la tirelire.
- Écris une phrase pour décrire la chose que tu veux acheter.
- Colorie les images.

B. Coche ✔ si les phrases sont vraies.

1. Le père de grand-maman lui a donné une pièce de deux dollars. ____

2. Grand-maman a acheté des bonbons. ____

3. Le poussin va pondre ses œufs. ____

4. Le père de grand-maman lui a donné des bonbons. ____

Les synonymes et les antonymes

Les **synonymes** –
mots de sens similaire

Exemple :

jeune/petit

Les **antonymes** –
mots de sens contraire

Exemple :

petit   grand

C.   Écris les mots dans les bonnes places.

joyeux   rapide   léger   petite

arriver   jolie   docteur   copain

Synonymes

1. belle   _____

2. médecin _____

3. ami   _____

4. heureux _____

Antonymes

5. grande _____

6. lente   _____

7. partir   _____

8. lourd   _____

D. **Complète les mots croisés avec les antonymes et les synonymes donnés.**

long

difficile

grand

joli

tranquille

drôle

Horizontal
(antonymes)

A. petit

B. facile

C. court

Vertical
(synonymes)

1. amusant

2. beau

3. calme

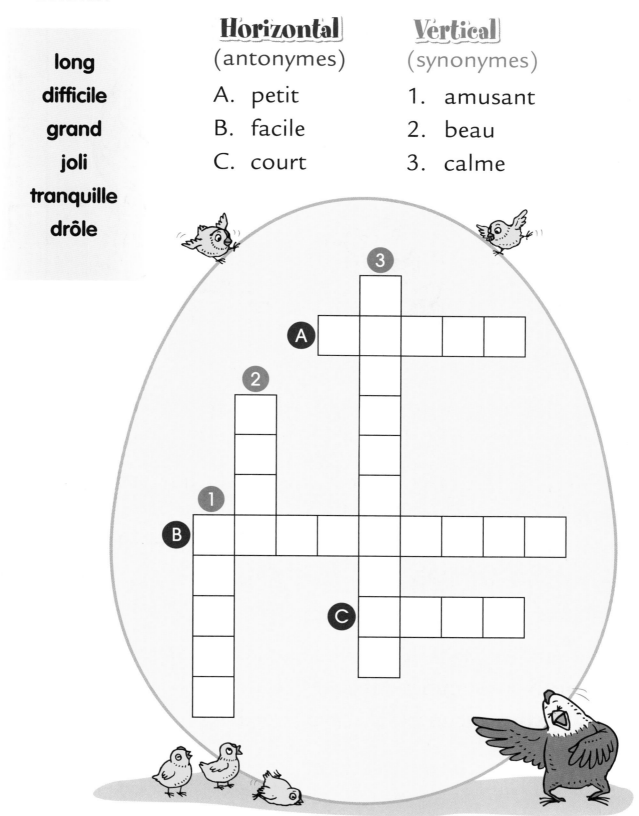

Félix,
un chien spécial

M. Tremblay a un chien spécial. Il s'appelle Félix. Le matin, Félix aide M. Tremblay à apporter le journal.

Un jour, M. Tremblay ouvre la porte pour que Félix apporte le journal. Après un moment, M. Tremblay voit Félix, mais il n'y a pas de journal dans sa bouche. M. Tremblay ouvre de nouveau la porte pour Félix. Félix a l'air triste mais il sort. Quand il revient, il y a un journal dans sa bouche.

Mme Tremblay passe et demande : « Pourquoi Félix apporte un journal? Nous sommes dimanche. » M. Tremblay rit : « Ah ouais! Nous n'avons aucun journal le dimanche! »

A. **Aide Félix à trouver le journal. Démêle et écris les mots.**

1. épicsla

   s _____

2. nehic

   _____

3. rnuojal

   _____

4. inmat

   _____

5. ntmmoe

   _____

6. cuoheb

   _____

7. isetrt

   _____

8. manidhce

   _____

9. tepro

   _____

10. itr

    _____

Les homonymes

Les **homonymes** sont des mots qui se prononcent de la **même** façon mais ont **différents** sens.

Exemple :

un **ver**   un **verre**

B. Colorie les mots selon les images données.

1. porc   port

2. elles   ailes

3. champ   chant

4. voie   voix

5. pin   pain

6. tente   tante

C. Encercle ◯ les bons mots pour les phrases.

1. Il y a **sans / cent** pièces de monnaie dans ma tirelire.

2. Cet été, **on / ont** va à la montagne.

3. Mes camarades de classe **son / sont** gentils.

4. Vous allez **à / a** Ottawa en avion.

5. Le camion **verre / vert** va **verre / vers** le centre-ville.

D. Dessine les images selon les mots donnés.

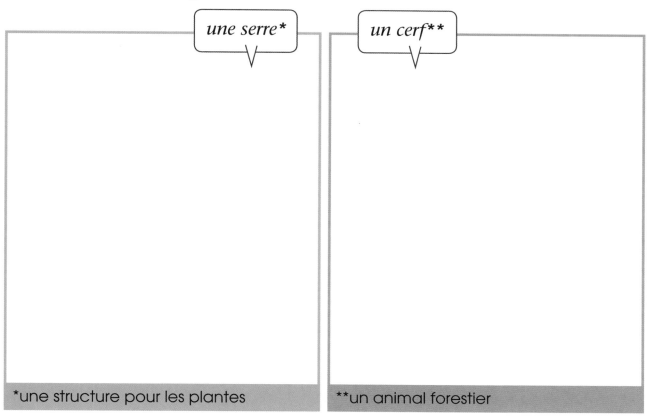

une serre*

un cerf**

*une structure pour les plantes

**un animal forestier

Sciences sociales

Ma famille

Chacun de nous fait partie d'une famille. Les familles ont différentes formes et tailles.

A. Dessine ou colle une photo de ta famille ci-dessous. Ensuite, écris ta relation avec chaque membre de ta famille.

ma maman mon papa mon frère ma sœur

Ma famille

mon oncle   ma tante   ma cousine

mon grand-papa   ma grand-maman

B. **Demande à un membre de ta famille des événements spéciaux qui se sont passés. Écris-les. Ensuite, complète la chronologie de ta famille.**

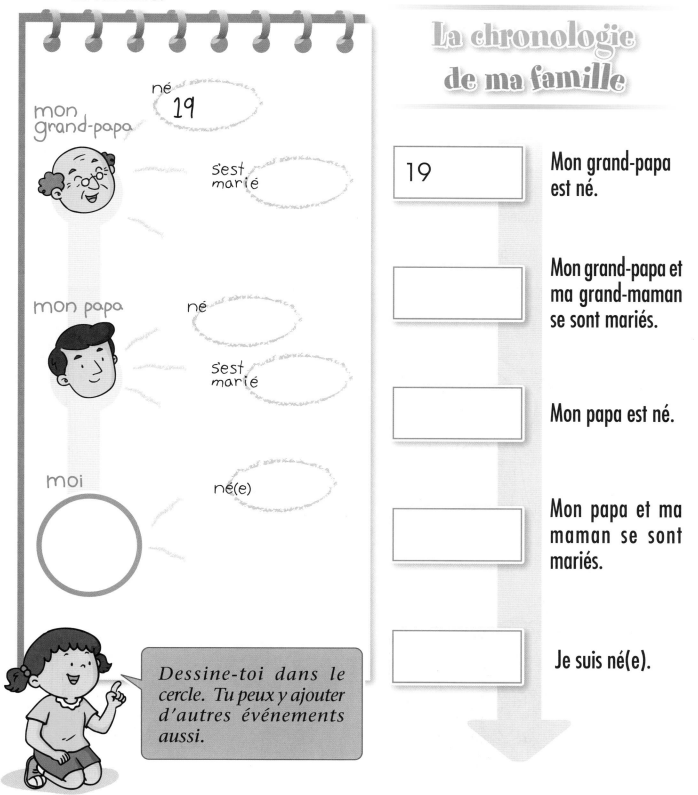

La chronologie de ma famille

mon grand-papa
né
19

s'est marié

mon papa
né

s'est marié

moi
né(e)

19	Mon grand-papa est né.
	Mon grand-papa et ma grand-maman se sont mariés.
	Mon papa est né.
	Mon papa et ma maman se sont mariés.
	Je suis né(e).

Dessine-toi dans le cercle. Tu peux y ajouter d'autres événements aussi.

Différentes traditions et célébrations

Différentes cultures ont différentes traditions et célébrations. Certaines traditions et célébrations spéciales sont importantes pour chaque famille.

A. Identifie les célébrations de différentes cultures. Écris les lettres dans les cercles.

A Aïd el-Fitr (célébration musulmane)   **B** Pow-wow (célébration autochtone)

C Hanoukka (célébration juive)   **D** Nouvel An lunaire (célébration chinoise)

B. Considère une célébration en famille qui t'est importante. Écris le nom de la célébration et ajoute trois autres lignes pour compléter la chanson.

Ma célébration en famille

Nous fêtons

Ce dont nous avons hérité

Nous fêtons

Nos traditions en chantant notre chanson.

Ta célébration

Est quand nous

Notre pow-wow

Est quand nous nous réunissons.

Un rassemblement d'été

où nous nous rencontrons.

Les plats traditionnels

L'héritage désigne les célébrations et les coutumes spéciales que nous avons héritées de notre famille. Les parents transmettent les traditions à leurs enfants depuis des années.

A. **Les enfants présentent leurs plats traditionnels. Identifie les plats traditionnels et leur pays d'origine.**

> *Ma grand-mère aime cuisiner des **pâtés de radis blanc** avec moi pour le Nouvel An chinois parce qu'ils sont un plat traditionnel en **Chine**.*

> *Ma nonna me montre comment faire des **gnocchis** pour sa sauce aux tomates délicieuse. Elle a reçu la recette de sa grand-maman en **Italie**.*

> *J'aime aider ma maman à faire des **oliebollen**. Ces beignets sucrés des **Pays-Bas** sont mes friandises favorites!*

Les plats traditionnels

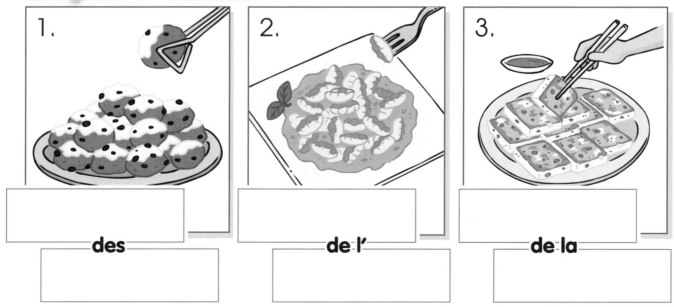

1.

des

_____

2.

de l'

_____

3.

de la

_____

B. **Considère une tradition que tu as héritée de tes parents ou de tes grands-parents. Dessine ou colle une image de celle-ci dans la case. Ensuite, écris à propos de cette traditon.**

Mon héritage

La tradition que j'ai héritée :

_____ de _____

1. Que rend spéciale ta tradition?

_____

2. Ta tradition est-elle une célébration? Si oui, que célèbre-t-on?

_____

3. La transmettras-tu à tes enfants?

_____

Nos traditions et nos célébrations

Nos traditions et nos célébrations peuvent être les mêmes que ou différentes des autres. Les célébrations traditionnelles sont d'habitude liées aux rites de passage, aux fêtes et aux plats.

A. Remplis les blancs pour compléter le texte au sujet de Diwali. Ensuite, colorie pour allumer les bougies.

Diwali –
La Fête des Lumières

bougies   cinq jours   novembre
indiennes   kheer   Lumières

Diwali est l'une des grandes fêtes 1._____ qui célèbre le Nouvel An hindou. D'habitude, on célèbre cette fête en octobre ou en 2._____ . Diwali est une célébration qui dure 3._____ . On décore la maison avec des lampes et des 4._____ pour montrer la victoire de la lumière sur les ténèbres. C'est la raison pour laquelle on appelle Diwali la Fête des 5._____ .

Le 6._____ , riz au lait, et les bonbons à la noix de coco sont les plats spéciaux de Diwali.

B. **Lis le texte au sujet de Hanoukka. Ensuite, coche ✔ la bonne image.**

Hanoukka est la Fête juive des Lumières, qui dure huit jours. Celle-ci se passe d'habitude à la fin de novembre ou de décembre. Les familles juives allument les bougies de la menorah (chandelier à huit branches) pour les huit jours de Hanoukka. Durant Hanoukka, les familles mangent des latkes (crêpes aux pommes de terre) et des sufganiyots (beignets à la confiture).

Une menorah

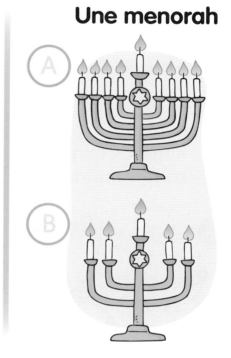

C. **Complète le tableau à l'aide des renseignements de (A) et de (B).**

Fête	Diwali	Hanoukka
Un autre nom		
Célébré par		
Activités qu'on fait		
Plats qu'on mange		

Les plats et les choses ethniques

Au Canada, nous avons la liberté de garder nos traditions et de suivre à volonté d'autres traditions. Cela fait du Canada un endroit intéressant où vivre.

A. **Regarde ce que veulent acheter les enfants. Amène-les aux bonnes communautés. Écris les lettres.**

B. Regarde les plats ethniques et dessine deux autres. Choisis les plats ethniques que mange ta famille et demande à un(e) ami(e) les choix de sa famille. Ensuite, écris les choix dans les cercles.

Aimerais-tu goûter des plats ethniques que tu n'as jamais goûtés? _____

Les jours spéciaux

Il y a des jours spéciaux pendant l'année qui célèbrent ou commémorent des événements importants. Certains événements sont célébrés dans plusieurs pays, tandis que d'autres sont réservés à un pays particulier.

A. Complète le texte au sujet de deux jours spéciaux au Canada.

le drapeau le 1er juillet l'anniversaire des feux d'artifice	coquelicot soldats le 11 novembre

La fête du Canada se déroule 1._____ . C'est une célébration de 2._____ du Canada. Ce jour, nous avons 3._____ . Nous flottons aussi 4._____ canadien pour faire la fierté du Canada.

Le jour du Souvenir se déroule 5._____ .

Nous portons un 6._____

pour montrer du respect aux

7._____ canadiens qui

ont servi notre pays.

Coquelicots

B. Lis comment certains gens au Canada célèbrent leur nouvel an traditionnel. Ensuite, aide les enfants à choisir les bons plats pour célébrer le nouvel an. Écris les lettres.

Les Irano-Canadiens célèbrent leur nouvel an le 21 mars, premier jour du printemps. Les familles mettent la table avec les sept objets commençant par la lettre « s » :

seer (ail)

samanu (pouding)

seeb (pomme)

sonbol (fleurs)

serkeh (vinaigre)

sekeh (pièces d'argent)

sabzeh (herbe)

Les plats traditionnels

A

B

C

D

E

F

G

Les Sino-Canadiens célèbrent leur nouvel an le premier jour du calendrier lunaire. D'habitude, ils le célèbrent avec un grand repas. Voici les plats possibles suivants :

• raviolis chinois cuits

• longues nouilles

• poisson à la vapeur

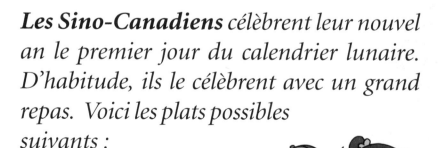

Les traditions changeantes

Les traditions culturelles peuvent changer quand elles sont passées d'une génération à l'autre. Ces traditions peuvent être des célébrations, des fêtes et des modes de vie.

A. Apprends ces traditions. Ensuite, donne une raison pour le changement de chaque tradition.

Le Mardi gras était un jour spécial quand les chrétiens utilisaient la totalité des œufs, du lait et du beurre chez eux pour faire des crêpes avant la saison du jeûne, ou du carême. Puisqu'on mangeait des crêpes pendant le Mardi gras, on appelait aussi ce jour « le Jour des crêpes ». Aujourd'hui, on célèbre encore le Mardi gras avec des crêpes mais, pour rendre plus savoureuses leurs crêpes, on y ajoute différents ingrédients tels que le saumon, le sirop de moka et le chocolat.

Une raison pour le changement

_____

_____

_____

Hanoukka est une célébration juive en l'honneur de la bataille victorieuse pour la liberté religieuse. Pendant cette célébration de huit jours, les familles juives mettent et allument les bougies d'une menorah. D'habitude, on met la menorah près de la fenêtre avant pour rappeler aux passants cette fête majestueuse. Aujourd'hui, plusieurs personnes préfèrent la lumière électrique aux bougies pour leurs menorahs.

Une raison pour le changement _____

_____

Échanger les cartes de Noël est une activité traditionnelle à **Noël**. Envoyer les cartes de Noël aux amis et aux membres de la famille est une bonne façon de leur souhaiter le bonheur. Cette tradition existe encore, mais de plus en plus de personnes aiment envoyer des cartes électroniques à la place de cartes en papier.

Une raison pour le changement _____

_____

8

Célébrer différemment

Différentes familles ont leurs propres pratiques culturelles pour célébrer les vacances d'hiver. Quelques-unes de ces traditions ont changé au fil du temps.

A. Apprends la fête d'hiver de certaines familles afro-canadiennes. Encercle les bons mots et colorie les flammes pour allumer les bougies en ordre. Ensuite, écris au sujet de ta fête d'hiver.

Kwanzaa

Kwanzaa est une célébration de sept jours du 26 décembre au 1ᵉʳ janvier qui commémore le patrimoine africain.

Les choses à faire :

Joyeux Kwanzaa!

2 3 4 1 5 6 7

Nous avons une façon spéciale d'arranger et d'allumer les bougies pour célébrer Kwanzaa!

> un banquet   des cadeaux
>   des bougies

1. allumer _____

2. avoir _____

3. donner aux enfants

   _____

Ma fête d'hiver

Les activités que je fais :

_____

_____

B. **Dessine des objets décoratifs sur les sapins de Noël pour montrer comment tes grands-parents, tes parents et toi les décoreriez.**

Les objets décoratifs pour les sapins de Noël

bougie

ampoules en plastique

ampoules à DEL

ampoule en verre

bibelot en plastique

maïs soufflé

guirlande

flocon de neige en papier

jouet en bois

mes grands-parents

mes parents

moi

Utilises-tu tous les mêmes objets décoratifs pour décorer tes sapins de Noël?

La cartographie de nos traditions

Les Premières Nations, les Métis et les Inuits vivaient, voyageaient, chassaient et cultivaient sur les terres où tu vis actuellement. Beaucoup le font et aujourd'hui, ce sont tes voisins, tes camarades de classe ou tes amis, ou ils ont peut-être été déplacés ailleurs. Tu peux en apprendre davantage sur leurs traditions et leur mode de vie, ainsi que sur toutes les connaissances qu'ils peuvent partager avec toi.

A. **Regarde la carte des premiers territoires autochtones et des villes actuelles en Ontario. Réponds aux questions.**

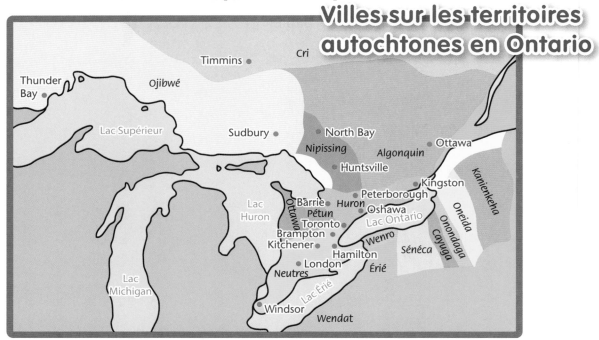

Villes sur les territoires autochtones en Ontario

1. Vivre dans la même communauté

Territoires			Cri
Villes	Ottawa	Thunder Bay	

2. Katie vit à Barrie. Quelles sont les communautés autochtones autour de sa région?

_____

B. Remplis les blancs pour compléter le texte.

Pow-wow

Une célébration traditionnelle des Premières Nations de la rivière Pic

Les peuples autochtones ont été forcés de se déplacer d'un endroit à l'autre par les Européens qui se sont installés sur leurs terres, mais certaines communautés ojibwées sont toujours situées dans les lieux traditionnels où vivaient leurs 1._____ .

année
nord
dansent
ancêtres
Canada
culture

Les Ojibwés vivaient le long de la rivière Pic, sur la rive 2._____ du lac Supérieur. Même aujourd'hui, chaque 3._____ , les Premières Nations de la rivière Pic organisent leur célébration traditionnelle, pow-wow, au cours duquel elles se réunissent et 4._____ pour célébrer et honorer leur 5._____ et leur communauté.

Aujourd'hui, il y a des pow-wow partout au 6._____ et les gens du monde entier sont les bienvenues pour assister à cette célébration.

Notre célébration de l'Action de grâce

L'Action de grâce est une célébration qui a lieu depuis des centaines d'années. Quelques-unes de ses traditions datent de plusieurs années mais d'autres ont changé.

A. **Remplis les blancs pour compléter le texte au sujet des premières célébrations de l'Action de grâce au Canada.**

explorateur   dindes   grâce   récolte   cérémonie   canneberges

Martin Frobisher a été le premier à célébrer l'Action de grâce. Il était un explorateur britannique qui est arrivé à Terre-Neuve en 1578. Il a rendu 1._____ à son arrivée saine et sauve à la nouvelle terre appelée de nous jours « Canada ». Il n'avait pas de dindes, mais il a organisé une 2._____ spéciale de l'Action de grâce.

Samuel de Champlain était un autre 3._____ qui a célébré l'Action de grâce avec un festin de remerciement pour une bonne 4._____ . Ces premiers festins n'avaient pas nécessairement de 5._____ .

De plus, les premiers colonisateurs n'avaient pas d'ingrédients comme le beurre, la farine et le sucre pour faire cuire des 6. _____ sucrées ou des tartes à la citrouille que nous mangeons aujourd'hui lors de notre festin de l'Action de grâce.

B. **Lis ce journal intime sur la préparation d'un festin de l'Action de grâce il y a des années. Complète le tableau et réponds à la question.**

Cher journal intime,

Mon père a attrapé la plus grande dinde que nous n'ayons jamais vue! Finalement, nous avons un oiseau pour notre festin de l'Action de grâce. Maman a utilisé le sirop d'érable extrait de sève des érables à sucre pour sucrer la sauce aux canneberges. Jonathan et moi avons cueilli des courges et aussi des épis de maïs. Je peux entendre gargouiller mon ventre maintenant!

Bien à toi,
Alexandre

Aliments	Comment les trouver

Écris une chose de ton festin de l'Action de grâce qui est différente de cette ancienne célébration.

Joyeuse Action de grâce

_____

Notre monde

Les continents sont de grandes étendues de terre. Il y a sept continents en tout. Une rose des vents est un symbole sur une carte ou sur un globe terrestre qui indique les directions.

A. Nomme les sept continents à l'aide de la carte.

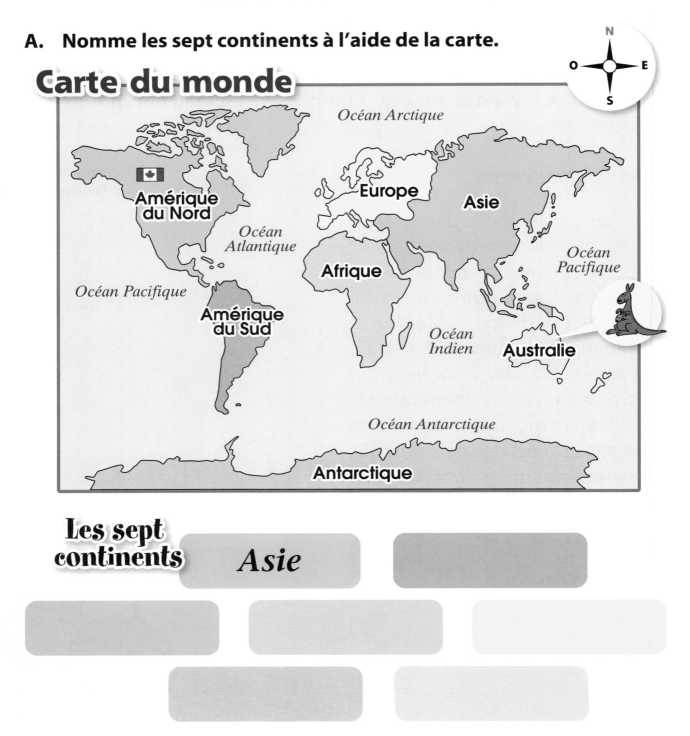

Carte du monde

Océan Arctique

Europe

Asie

Océan Atlantique

Amérique du Nord

Océan Pacifique

Afrique

Océan Pacifique

Amérique du Sud

Océan Indien

Australie

Océan Antarctique

Antarctique

Les sept continents

Asie

B. **Trace des lignes pour associer les réponses à l'aide de la carte dans (A).**

Entre l'Amérique du Sud et l'Afrique est... •

• Amérique du Nord

Le Canada se situe en... •

• Australie

Les kangourous habitent en... •

• l'Asie

Le plus grand continent est... •

• l'océan Atlantique

C. **Complète la rose des vents. Ensuite, remplis les blancs à l'aide de la carte dans (A).**

Une rose des vents est un symbole qui indique les directions : nord, est, sud et ouest.

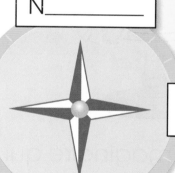

N_____

O_____

E_____

S_____

Une rose des vents

1. L'Amérique du Nord

   se situe au _____ de l'Amérique du Sud.

2. L'Europe se situe à l'_____ de l'Amérique du Nord.

Le globe terrestre

Un globe terrestre est un modèle de la Terre. Ajouter des lignes et étiqueter différentes parties d'un globe terrestre nous aident à mieux comprendre notre Terre.

A. Regarde le globe terrestre. Réponds aux questions.

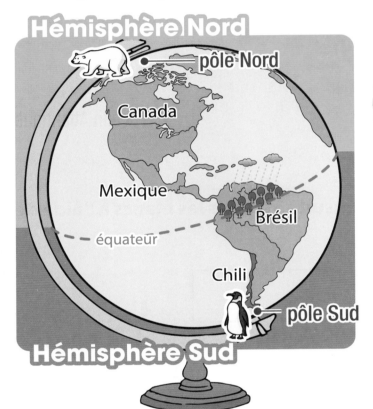

L'équateur est à mi-chemin entre le pôle Nord et le pôle Sud.

1. une ligne imaginaire qui divise la Terre en deux _____

2. la moitié supérieure de la Terre _____

3. la moitié inférieure de la Terre _____

4. le point le plus haut de la Terre _____

5. le point le plus bas de la Terre _____

B. Remplis les blancs avec les mots donnés et à l'aide du globe terrestre dans (A).

eau   nord   terres   sud   neige
glace   forêts pluviales   pluie

L'équateur

- reçoit le plus de lumière du soleil
- très chaud avec beaucoup de 1. _____
- abrite les plus grandes 2. _____
- un pays qui se trouve sur l'équateur : 3. _____

L'hémisphère Nord

- se situe au 4. _____ de l'équateur
- a plus de terres mais moins d' 5. _____ que l'hémisphère Sud
- un pays qui se trouve dans l'hémisphère Nord : 6. _____

L'hémisphère Sud

- se situe au 7. _____ de l'équateur
- a moins de 8. _____ mais plus d'eau que l'hémisphère Nord
- un pays qui se trouve dans l'hémisphère Sud : 9. _____

Le pôle Nord

- très froid et couvert partout de 10. _____
- un animal qui habite au pôle Nord : 11. _____

Le pôle Sud

- comme un désert froid, alors il 12. _____ rarement
- un animal qui habite au pôle Sud : 13. _____

Les climats de l'Amérique du Nord

L'Amérique du Nord est le troisième plus grand continent. En raison de sa grandeur, différentes régions de l'Amérique du Nord ont différents climats.

A. Colorie le continent pour compléter la carte montrant les climats de l'Amérique du Nord. Ensuite, remplis les blancs.

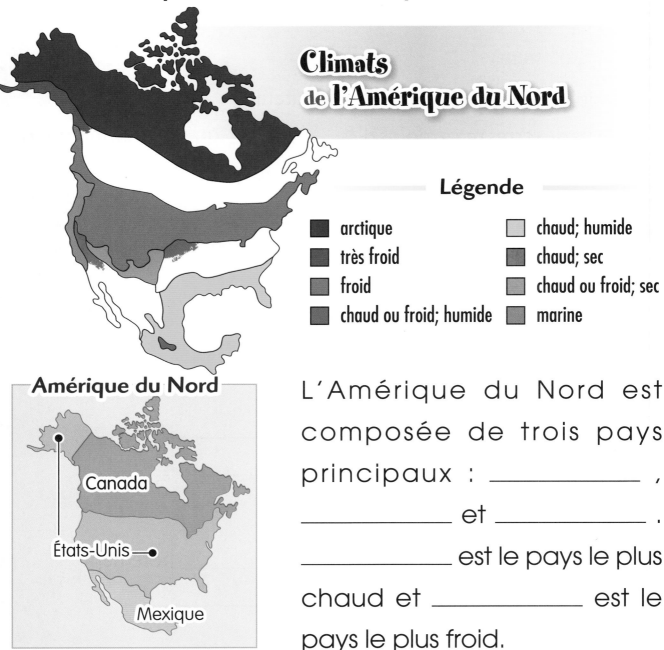

Climats de l'Amérique du Nord

Légende

- arctique
- très froid
- froid
- chaud ou froid; humide
- chaud; humide
- chaud; sec
- chaud ou froid; sec
- marine

Amérique du Nord

Canada

États-Unis

Mexique

L'Amérique du Nord est composée de trois pays principaux : _____ , _____ et _____ . _____ est le pays le plus chaud et _____ est le pays le plus froid.

B. Encercle les bons mots pour compléter le texte. Ensuite, identifie les quatre saisons au Canada.

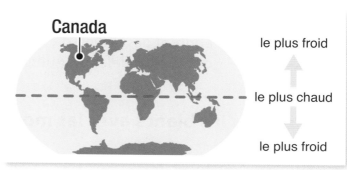

Canada

le plus froid

le plus chaud

le plus froid

Plus un endroit est près de l'équateur, plus son climat est **froid / chaud** . Plus un endroit est loin de l'équateur, plus son climat est **froid / chaud** et plus les **saisons / directions** sont distinctes.

Le Canada est loin de l'équateur.

Les quatre saisons au Canada

1. _____

2. _____

3. _____

4. _____

Les pays uniques

Il y a plusieurs pays uniques au monde. Quelques pays, comme le Brésil, abritent des milliers d'espèces animales. D'autres pays, comme l'Islande, ont des modelés uniques.

A. Remplis les blancs avec les mots de la liste. Ensuite, réponds à la question.

équateur   Sud   chaud
forêt pluviale   au sud   Amazone

Carte du Brésil

Le Brésil

- se trouve pour la plupart dans l'hémisphère 1._____ .

- se trouve 2._____ du Canada.

- est au bord de l'3._____ .

- a un climat 4._____ parce que la plupart du pays se trouve au sud de l'équateur.

- a un fleuve fameux qui s'appelle l'5._____ , qui traverse une 6._____ .

- abrite plusieurs animaux, y compris à peu près 1677 types d'oiseaux, 467 types de reptiles, 428 types de mammifères et 516 types d'amphibiens.

Pourquoi penses-tu qu'il y a tellement d'animaux au Brésil?

B. Regarde la carte de l'Islande. Remplis les blancs et nomme les modelés.

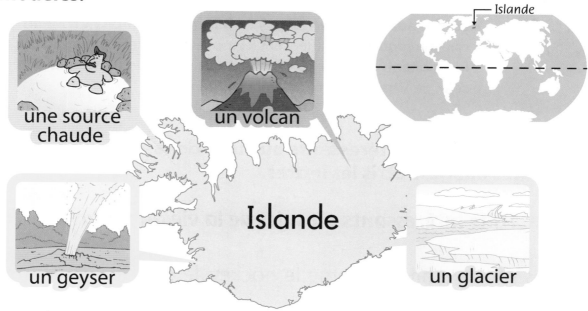

une source chaude

un volcan

Islande

un geyser

Islande

un glacier

L'Islande

- se trouve dans l'hémisphère _____ .

- se trouve à l'_____ du Canada.

- se trouve _____ de l'équateur.

- a un climat _____ .

froid

est

Nord

loin

Les formations de terre uniques

1.	une source qui est pleine d'eau chaude naturelle souterraine
2.	un grand bloc de glace qui bouge très lentement
3.	une montagne avec une ouverture par laquelle la lave et le gaz chaud pourraient jaillir
4.	une grande vapeur d'eau chaude d'une source souterraine

Notre pays unique

Le Canada est un vaste pays. Différents endroits ont leurs propres caractéristiques qui influencent les modes de vie des habitants. Par exemple, les habitants à Iqaluit au Nunavut ont un mode de vie très différent de celui de Vancouver en Colombie-Britannique.

A. Associe les faits intéressants au sujet de la vie au Nunavut aux bonnes images. Écris les lettres.

Faits intéressants au sujet de la vie au Nunavut

A Les sports d'hiver comme le hockey, le curling et le traineau à chiens sont populaires.

B Le transport maritime apporte des aliments secs et en conserve aux communautés en été.

C Il n'y a pas de routes qui relient les communautés. On se déplace d'une ville à l'autre par avion.

D L'eau potable et le mazout sont importés. L'accès à ces ressources par foyer est limité.

B.   Remplis les blancs pour compléter le texte.

Vivre à Vancouver en Colombie-Britannique

transport   indispensables   ski
randonnée   récréatives   magasins

En Colombie-Britannique, Vancouver serait le meilleur endroit où vivre. On peut trouver une grande variété de 1._____ et de restaurants partout dans la ville, alors on peut avoir accès à leurs produits 2._____ facilement. Il y a plusieurs moyens de 3._____ tels que BC Transit et BC Ferries, qui offrent des services réguliers aux gens qui voyagent dans la ville. Grâce aux saisons distinctes de Vancouver, on peut faire différentes activités 4._____ au sein de son environnement naturel, comme la 5._____ en été et le 6._____ en hiver.

Vancouver, en C.-B.

Crédit photo de Robert Lista

C.   Identifie une similarité et une différence entre la vie au Nunavut et la vie à Vancouver.

Une similarité : _____

Une différence : _____

Voyager autour du monde

Différentes régions au monde ont leurs propres caractéristiques. On voyage dans d'autres parties du monde pour voir de nouvelles choses et découvrir différents environnements naturels.

A. **Regarde les photos qu'ont prises les enfants pendant leurs voyages. Associe chaque pays à la bonne description. Écris le nom.**

1. _____ : Il y a beaucoup de temples bouddhistes. La plupart des habitants sont bouddhistes.

2. _____ : C'est un ours originaire du Sichuan. Ce bel animal est difficile à satisfaire. Il ne mange que du bambou.

3. _____ : Il fournit un abri, des vêtements, de la nourriture, et de l'eau aux gens et aux animaux. Ses fruits sont pleins de vitamine C.

4. _____ : Entouré d'eaux, cet endroit a beaucoup de fruits de mer. On aime y faire des sushis ou en manger cru.

B. **Les enfants ont pris des photos de beaux paysages naturels. Encercle les bons mots. Ensuite, mets les animaux dans les bons environnements. Écris les lettres.**

La savane en Afrique

- un grand **pâturage** / **océan**

- a beaucoup de différents **arbres** / **poissons**

- les animaux y **broutent** / **nagent**

La forêt pluviale en Amérique du Sud

- reçoit beaucoup de **pluie** / **neige**

- une grande **montagne** / **forêt**

- a beaucoup de **vie sauvage** / **feux de forêt**

Le désert aux États-Unis

- reçoit peu de **pluie** / **soleil**

- a beaucoup de **neige** / **sable**

- a peu d'animaux et de **plantes** / **petits pois**

Nos besoins de base

Nous avons tous des besoins de base. Quelques–uns de ces besoins sont l'eau, la nourriture, l'abri et le transport. Les gens autour du monde ont différentes façon de répondre à leurs besoins.

A. **Complète le tableau pour comparer tes propres besoins de base avec ceux des Inuits. Tu peux utiliser les idées suggérées ou écrire tes propres idées.**

Eau
- de robinets
- de camions-citernes à eau
- de bouteilles d'eau

Nourriture
- de supermarchés
- par la chasse
- par la pêche

Abri
- appartement
- igloo
- maison

Transport
- en petits bateaux
- en autobus
- en marchant

Besoins de base	Inuits	Toi
Eau		
Nourriture		
Abri		
Transport		

B. **Remplis les blancs pour montrer comment se déplacent les gens vivant dans différents endroits. Ensuite, écris dans quel pays vivent ces gens.**

métro

scooter

mule

États-Unis

Taïwan

France

C'est très rocheux ici, alors je monte à _____ sur les chemins étroits.

Je prends le _____ pour aller au travail parce que c'est le moyen le plus rapide pour me déplacer dans la ville.

1.

2.

Sortie

Colorado, aux É_____

3.

Paris,

en F_____

Taipei,

à T_____

Je vais au travail à _____ . C'est plus facile de me déplacer.

18

Vivre autour du monde

Peu importe où nous sommes, nous avons tous les mêmes besoins de base : abri, vêtements et nourriture. Cependant, on répond différemment à ceux–ci selon notre environnement.

A. Lis le poème sur chaque maison et associe-la à la bonne image. Écris la lettre.

A

Je me suis installée dans un nouvel endroit

Quand l'herbe est partie.

Tissu blanc, laine et poils

Sur deux pôles me font sentir bien bâtie.

B

Je suis debout sur l'eau, faite à base de

Bois de mangrove.

Pour les gens qui y vivent

Les poissons sont faciles à voir.

C

Les rangées de briques peintes

Font durer mes murs.

Mes nombreux cadres en bois

Tiennent mes fenêtres si sûres.

Nos maisons

Rhénanie-Palatinat, en Allemagne

Désert de Gobi du Sud, en Mongolie

Sabah, en Malaisie

B. **Remplis les blancs pour voir comment les gens autour du monde obtiennent leur nourriture.**

phoques   viande   boulangerie   lait   poissons   nourriture   riz

1.

Bonjour! Je m'appelle Bataar. Je vis en Mongolie rurale. Les animaux de notre famille nous donnent de la _____ et du _____. Quand les animaux mangent toute l'herbe ici, nous déménagerons à un nouvel endroit où il y a plus d'herbe.

2. Akycha vit dans l'Arctique canadien. Son père et lui font la chasse aux _____ comme leurs ancêtres. Les achats sont très chers là où ils vivent, alors ils utilisent les phoques pour plus que la _____ .

3. Jacques vit en France. Ses aliments préférés sont les pâtisseries de la _____ au coin de la rue.

4. Annisa vit dans un village dans les collines tropicales de l'Indonésie. Sa famille cultive du _____ qui est leur récolte principale et attrape des _____ dans la rivière.

Les vêtements et les maisons

Les vêtements que les gens portent et les maisons dans lesquelles ils habitent sont uniques à chaque endroit. Ces vêtements et maisons protègent mieux les gens du climat de leur environnement particulier.

A. Regarde les gens qui portent leurs vêtements traditionnels autour du monde. Écris où ils vivent.

Delhi, en Inde

Nunavut, au Canada

Nairobi, au Kenya

Lima, au Pérou

J'aime les belles couleurs de nos saris. Le tissu de ce sari m'aide à garder au frais quand il fait très chaud.

1.

Il peut faire très froid dans les montagnes de l'Amérique du Sud, alors je porte un châle.

2.

Nos vêtements sont les mêmes depuis plusieurs années. Ce drap me protège de la chaleur.

3.

Mes vêtements me gardent au chaud sous un climat glacial pendant toute l'année.

4.

B. Écris le matériau de construction pour chaque maison. Apprends le climat dans différentes villes. Ensuite, associe chaque maison à la bonne ville.

le bloc de neige   **la brique de boue**   **la bauge**

1.

une maison en adobe

le matériau

- à base de boue, de pailles, de sable et d'eau
- absorbe et relâche la chaleur lentement pour que la maison puisse refroidir le jour et chauffer la nuit

2.

le matériau

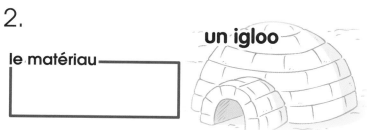

un igloo

- à base de neige
- construit pour former une structure en forme de dôme pour attraper la chaleur à l'intérieur

3.

le matériau

une maison en bauge

- à base de sable, d'argile et d'eau
- peut absorber beaucoup d'eau sans s'affaiblir

Nunavut, au Canada
- très froid
- beaucoup de neige

 4.

Devon, en Grande-Bretagne
- température douce
- très humide

5.

Arizona, aux États-Unis
- très chaud
- peut être très sec

 6.

Les sports et les loisirs

Les gens autour du monde jouissent de sports et de loisirs. Quelques endroits sont idéals pour le ski et le patinage, tandis que d'autres sont bien connus pour le surf et la pêche.

A. Nomme les sports. Ensuite, trace des lignes pour associer les sports aux meilleurs endroits.

le soccer   le surf   le ski

□ •

• **Le Canada**

hivers longs et froids;
plusieurs montagnes enneigées

□ •

• **La Grande-Bretagne**

étés ensoleillés et humides;
prairies luxuriantes

• **Hawaï**

chaud et ensoleillé;
plusieurs plages

B. **L'environnement naturel du Canada favorise une grande variété d'activités récréatives. Associe les activités aux bons endroits. Écris les lettres.**

Les activités récréatives

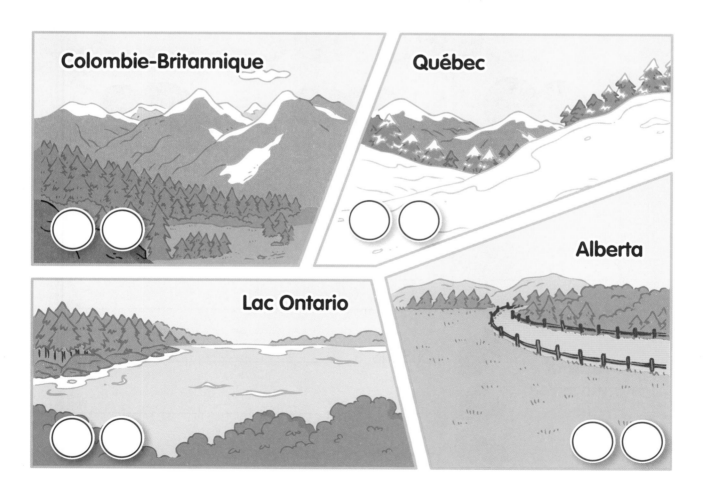

Les produits alimentaires autour du monde

Les produits alimentaires que nous achetons dans les supermarchés viennent de partout dans le monde. Les climats de certains endroits permettent aux cultures alimentaires de pousser toute l'année.

A. **Regarde les produits alimentaires au magasin. Écris les origines des produits alimentaires. Ensuite, écris les origines des produits alimentaires trouvés chez toi.**

Floride (États-Unis) Nouvelle-Zélande
Californie (États-Unis)

Magasin A & B

oranges

F_____

(_____)

tomates

C_____

(_____)

kiwis

N_____

Z_____

Produits alimentaires trouvés chez toi

 raisins : _____

 carottes : _____

 pommes de terre : _____

B. **Regarde la carte des producteurs alimentaires autour du monde. Ensuite, réponds aux questions et encercle les bons mots.**

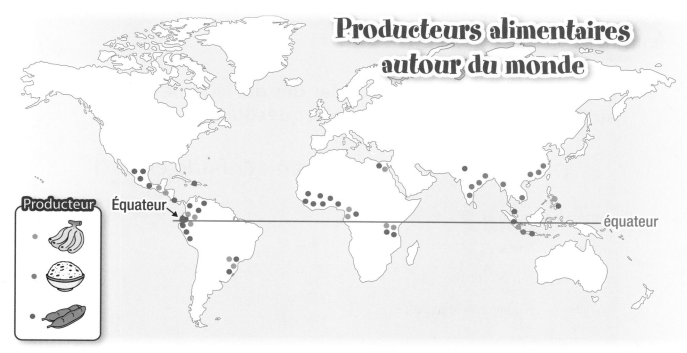

Producteurs alimentaires autour du monde

Producteur

Équateur

équateur

1. Ces producteurs alimentaires sont-ils situés près ou loin de l'équateur?

_____

2. À ton avis, pourquoi les récoltes alimentaires sont-elles abondantes dans ces régions?

_____

3.

Bonjour! Je m'appelle Juan. J'habite en Équateur. Le climat d'ici est très **froid / chaud**, *alors les* **bananes / raisins** *peuvent bien pousser. Nous avons besoin* **d'air / de sol** *profond et bien drainé pour que les plantes puissent rester saines.*

Où habitent les gens

Il y a plusieurs façons de trouver des renseignements sur les endroits où nous vivons.

A. **Regarde le diagramme à bandes des dix villes les plus peuplées au Canada. Ensuite, réponds aux questions.**

Dix villes les plus peuplées au Canada en 2011

Ville	0	1 million	2 millions	3 millions
Ottawa, en Ontario				
Toronto, en Ontario				
Mississauga, en Ontario				
Vancouver, en Colombie-Britannique				
Brampton, en Ontario				
Montréal, au Québec				
Edmonton, en Alberta				
Calgary, en Alberta				
Winnipeg, au Manitoba				
Hamilton, en Ontario				

Population

Les trois villes les plus peuplées sont :

1 : _____

2 : _____

3 : _____

Dans quelle province la plupart de ces villes se trouvent-elles?

_____

B. **Regarde encore une fois les villes dans (A). Trouve-les et encercle-les sur la carte. Ensuite, réponds aux questions.**

1. Que remarques-tu en matière de localisation des plus grandes villes au Canada?

   _____

2. À ton avis, pourquoi la plupart des Canadiens vivent-ils dans le sud?

   _____

   _____

23

S'adapter à un endroit

Les gens autour du monde s'adaptent ou s'habituent à la localisation, au climat et aux caractéristiques particulières de la terre où ils vivent.

A. Regarde les images. Ensuite, écris les lettres dans les bonnes cases selon les activités dont les gens parlent pour s'adapter à leur environnement.

A « Nous cultivons des palmiers parce qu'ils poussent bien sous un climat chaud et humide. Il leur faut environ un an pour donner des fruits. »

B « Nous pouvons creuser la glace pour chercher notre nourriture. »

C « Nous finissons notre travail tôt le matin quand il fait plus frais. »

Floride, aux États-Unis
(humide et pluvieuse; le sol ne gèle jamais)

1

Managua, au Nicaragua
(très chaud pendant la journée)

2

Arctique
(gelé toute l'année)

3

B. Il faut que les gens s'habillent bien selon le temps. Choisis les habits et les accessoires corrects pour les gens de différentes parties du monde. Écris les lettres.

A un débardeur

B une chemise en coton

C un parapluie

D de la crème solaire

E des lunettes de soleil

F une écharpe en laine

G des mitaines

H une tuque

I un short

J des bottes en caoutchouc

K des bottes d'hiver

L des sandales

M un pantalon léger

N un parka en duvet d'oie

O un pantalon de neige

Managua, au Nicaragua

Floride, aux États-Unis

Arctique

Préserver nos ressources

Le monde a beaucoup de ressources. Quelques endroits ont des sols fertiles pour cultiver la nourriture, tandis que d'autres sont riches en minéraux, en pétrole et en eau douce. Nous devons travailler ensemble sur la préservation de nos ressources pour les générations futures.

A. **Lis le paragraphe sur l'eau douce. Réponds aux questions.**

L'eau douce – une ressource renouvelable

Il faut que tous les animaux et plantes aient besoin d'eau pour survivre. On peut découvrir l'eau douce soit sur la surface terrestre (rivières, lacs, étangs et ruisseaux), soit sous terre en forme d'eaux souterraines.

Bien que l'eau douce ne soit pas abondante sur Terre, elle est une ressource renouvelable si c'est bien géré. Cependant, la surexploitation d'eau due à des activités humaines, comme l'agriculture, peut causer la pénurie d'eau.

Selon certaines recherches, l'Amérique du Sud et du Nord a eu une plus haute disponibilité de l'eau douce, mais de vastes régions en Asie du Sud et de l'Est ont fait face à la pénurie d'eau en hausse en 2017.

1. *Pourquoi l'eau douce nous est-elle importante?*

_____

2. Qu'est-ce qui cause la pénurie d'eau?

_____

3. Nomme une région qui a eu une pénurie d'eau en hausse.

_____

B. **Associe les actions des gens aux résultats. Ensuite, réponds à la question.**

Résultats

A *Nous cultivons un jardin dans notre cour pour avoir des légumes frais tout l'été.*

- économiser l'électricité
- détruire les forêts
- cultiver notre propre nourriture

Résultat

B *Nous éteignons la lumière quand nous quittons la salle de classe.*

Résultat

C *Nous avons besoin d'une route plus large ici, alors nous devons abattre das arbres en forêt.*

Résultat

Quelle action ci-dessus ne préserve pas nos ressources? Explique ton choix.

_____

_____

Sciences

Les animaux

- Les animaux peuvent être classés en cinq groupes principaux : les reptiles, les poissons, les amphibiens, les oiseaux et les mammifères.

- Les mammifères sont des animaux qui enfantent des jeunes et les nourrissent avec du lait. Presque tous les mammifères ont de la fourrure ou des poils.

A. Colorie les mammifères dans chaque groupe qui ont les caractéristiques données.

Les caractéristiques des mammifères

• ont de la fourrure ou des poils

• enfantent des nourrissons vivants

• nourrissent leurs jeunes avec du lait

B. Les animaux de différents groupes décrivent leurs caractéristiques. Remplis les blancs pour compléter ce qu'ils disent. Ensuite, donne deux exemples pour chaque groupe.

oiseaux   reptiles
amphibiens   poissons

l'alligator   le poisson rouge   le perroquet
le crapaud   la salamandre   la tortue
le requin   la rouge-gorge

1.

le serpent

Les r_____ ont des écailles ou des plaques pour se protéger. Les jeunes éclosent.

Exemples   _____ , _____

2.

le canard

Les o_____ pondent des œufs et ont des ailes et des plumes. La plupart peuvent voler.

Exemples   _____ , _____

3.

la grenouille

Les a_____ vivent dans l'eau quand ils sont jeunes et sur terre quand ils sont adultes.

Exemples   _____ , _____

4.

le poisson-clown

Les p_____ vivent dans l'eau et ont des nageoires pour nager.

Exemples   _____ , _____

Le déplacement et l'alimentation des animaux

- Les animaux ont des dents et parfois d'autres parties corporelles qui sont adaptées à leur alimentation.
- Les animaux se déplacent différemment, selon les parties du corps qu'ils possèdent.

A. Associe chaque phrase à l'animal correspondant. Écris la lettre.

A Mes dents de devant solides m'aident à ronger le bois.

B J'ai des dents pointues pour m'aider à tuer et à mastiquer ma proie.

C Je mastique le gazon dans le pâturage.

D Mes dents déchirent la chair de ma proie.

B. Certains animaux utilisent d'autres parties corporelles pour manger ou obtenir leur nourriture. Dessine les parties corporelles manquantes sur les animaux.

1.

2.

C. **Chaque devinette est au sujet d'un animal. Résous chaque devinette à l'aide des images. Écris le nom de l'animal sur la ligne.**

1. *Deux pieds, deux chaussures,*
   Une paire de chaussettes
   Comment est-ce que je me déplace?
   Je marche!

   _____

2. *Des jambes courtes sur la terre*
   Me forcent à me dandiner.
   Mes pattes palmées
   M'aident à patauger!

   _____

3. *L'endroit où je me déplace*
   Est dans le ciel.
   Mes ailes couvertes de plumes
   M'aident à voler!

   _____

4. *Je forme un S*
   D'un bout à l'autre.
   J'arrive en rampant
   Et en glissant.

   _____

5. *Mon corps ondule.*
   Mes nageoires bougent.
   C'est un mode de voyage
   Sous-marin.

   _____

Les habitats

- Un animal possède un abri pour se protéger du soleil, du froid et de ses prédateurs.
- Les abris des animaux sont différents selon leurs besoins.

A. **Dans chaque image, de quoi ces abris protègent-ils les animaux? Écris « du soleil », « du froid » ou « d'un prédateur » sur les lignes.**

1.

Mon abri se trouve au-dessus du sol.

_____

2.

_____

3.

_____

4.

_____

B. Démêle les lettres suivantes pour trouver le nom de l'habitat de chaque animal.

1.  un rreiert

2. un èretnai

3.  un ercphoir

4. une ucehr

5. une oielt

6. une tuteh

C. Associe les oiseaux aux bons nids. Écris les lettres.

La survie hivernale

- En automne, les animaux se préparent pour l'hiver.
- Les animaux ont différentes façons de s'adapter au froid pour survivre à l'hiver.

Il ne fait plus froid à côté de la cheminée.

A. Remplis les blancs avec les mots donnés. Ensuite, colorie les images qui correspondent aux phrases.

noix   fourrure
plumes   ralentissent

1. Les poissons _____ dans l'eau quand la température de l'eau baisse.

2. Les lagopèdes ont des _____ supplémentaires qui poussent autour de leurs pattes en hiver.

3. La _____ des renards devient plus épaisse; c'est leur manteau d'hiver.

4. Les écureuils ramassent et gardent des _____ pour leurs repas hivernaux.

B. Choisis les bonnes réponses pour compléter les phrases. Coche ✔ les lettres.

1. L'hibernation est une façon qui permet aux animaux de

   Ⓐ survivre pendant les mois d'été.   Ⓑ survivre pendant les mois d'hiver.

2. Pendant l'hibernation, un animal utilise

   Ⓐ moins d'énergie.   Ⓑ plus d'énergie.

3. Le cœur d'un animal qui hiberne bat

   Ⓐ plus lentement que normal.   Ⓑ plus rapidement que normal.

C. Colorie les animaux qui hibernent.

La migration

- Les animaux migrent sur terre, dans l'air ou dans l'eau pour trouver plus de nourriture et des climats plus appropriés.
- Les animaux font faces à plusieurs dangers quand ils migrent.

A. Associe la route migratoire à chaque animal. Colorie la route et dessine l'image dans le cercle.

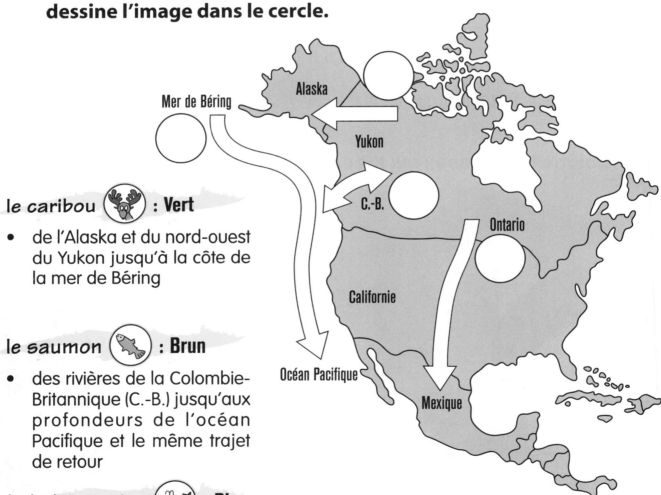

le caribou : **Vert**

- de l'Alaska et du nord-ouest du Yukon jusqu'à la côte de la mer de Béring

le saumon : **Brun**

- des rivières de la Colombie-Britannique (C.-B.) jusqu'aux profondeurs de l'océan Pacifique et le même trajet de retour

la baleine grise : **Bleu**

- de la mer de Béring jusqu'en Californie du Sud, restant près de la côte

le papillon monarque : **Orange**

- de l'Ontario jusqu'au Mexique

B. **Aide le canard sur son chemin de migration. Remplis les blancs pour identifier les dangers sur son chemin.**

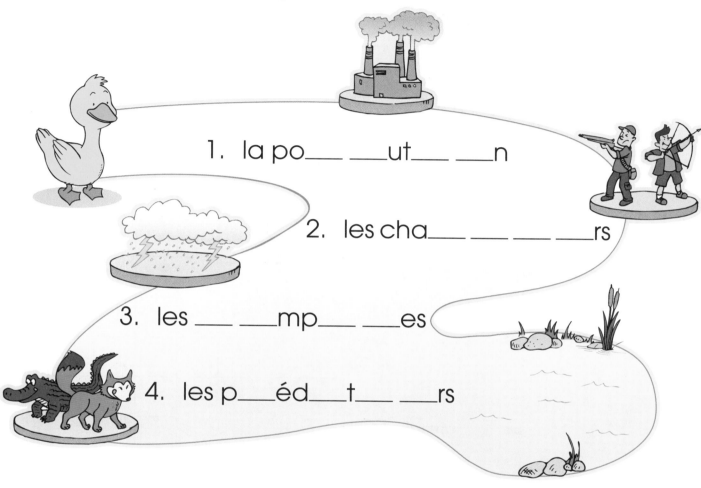

1. la po___ ___ut___ ___n

2. les cha___ ___ ___ ___rs

3. les ___ ___mp___ ___es

4. les p___éd___t___ ___rs

C. **Trace des lignes pour associer différents moyens de migration aux animaux correspondants.**

Les moyens de migration

dans l'air •

dans l'eau •

sur la terre •

• le papillon monarque

• le cygne trompette

• la couleuvre

• la baleine grise

• la tortue marine géante

• le colibri roux

Les bébés animaux

- Plusieurs bébés animaux ont des noms spéciaux.
- Les animaux s'occupent de leurs petits de différentes façons.

Notre bébé est mignon, n'est-ce pas?

cochon

cerf

A. Regarde les indices. Complète les mots croisés avec les noms des bébés animaux.

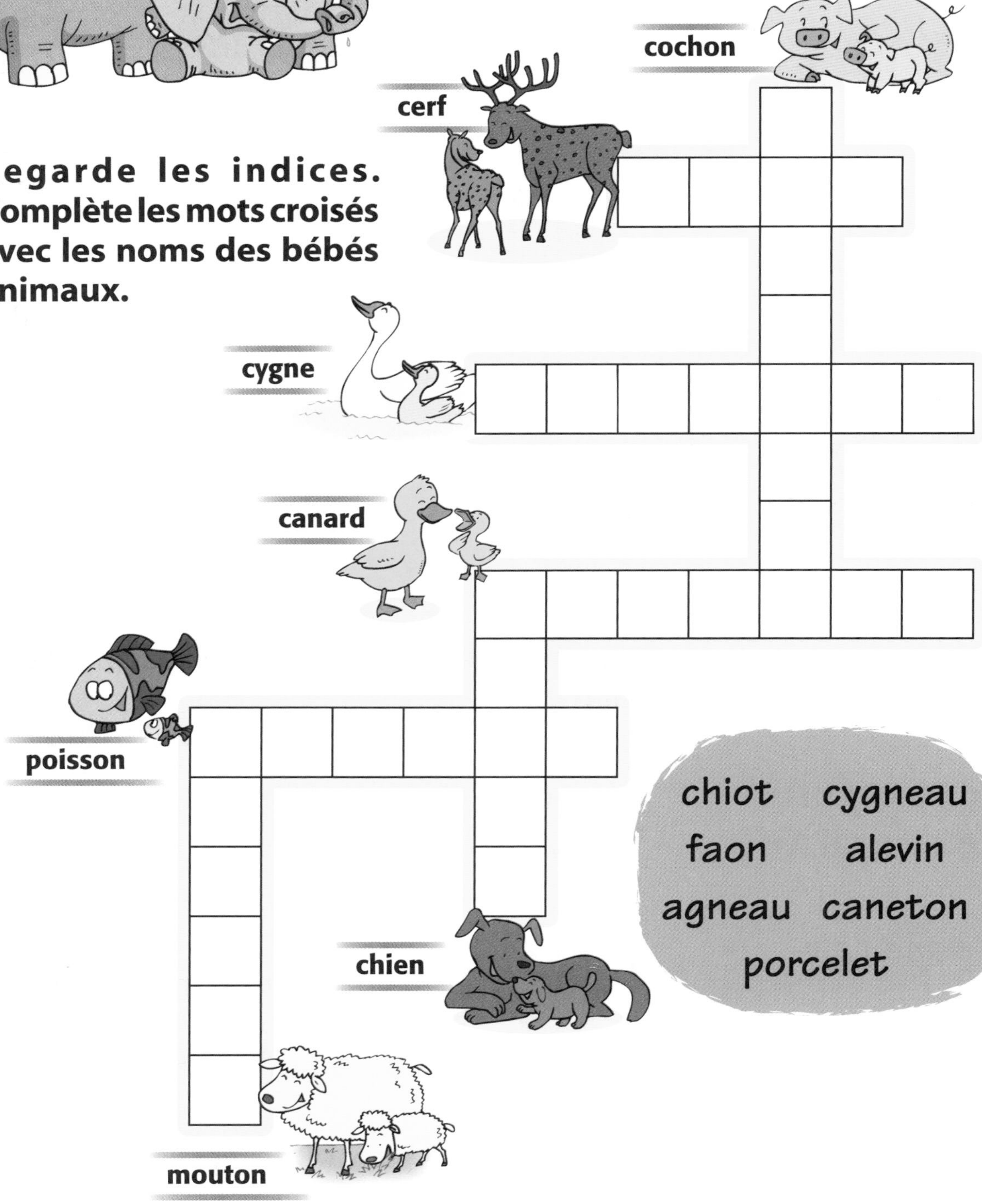

cygne

canard

poisson

chiot   cygneau
faon   alevin
agneau   caneton
porcelet

chien

mouton

B. **Associe les noms des petits d'animaux. Écris les lettres.**

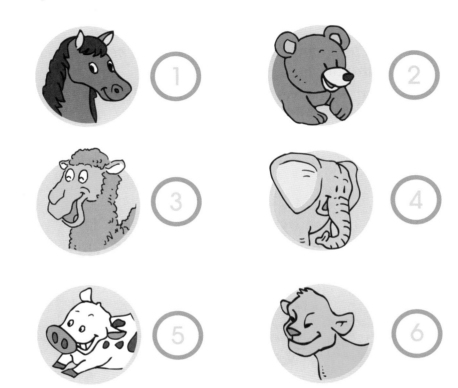

A éléphanteau

B ourson

C veau

D lionceau

E poulain

F chamelon

C. **Associe les bonnes descriptions aux animaux. Écris les lettres.**

A Quelques animaux gardent leurs bébés dans une poche sur le corps de la maman.

B Quelques bébés animaux sont nourris par leur mère et leur père.

C Les jeunes de quelques animaux sont indépendants dès leur naissance.

D Quelques jeunes se déplacent sur le dos de leurs parents.

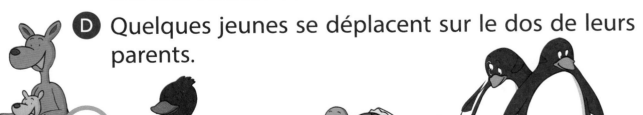

La croissance des animaux

- Parfois l'apparence des animaux change pendant qu'ils grandissent.
- Les animaux peuvent être faire différentes choses pendant leur croissance.

> On sera assez grands pour ces vêtements un jour.

A.   Mets les images dans l'ordre. Écris de 1 à 3.

1.

2.

3.

B. **La couleur du corps d'un béluga change quand il grandit. Remplis les blancs avec les lettres manquantes pour compléter les mots de couleur.**

- Un béluga nouveau-né est

  br___ ___-roug___ ___tre.

- Un jeune béluga est

  gr___ ___-bl___ ___té.

- Un béluga adulte est bl___ ___c.

C. **Lis au sujet des changements des animaux lors de la croissance. Résous les devinettes. Écris les réponses sur les lignes.**

| l'oiseau | la souris | le phoque |

1. Mon corps rose et chauve a des poils qui poussent en grandissant. Mes yeux s'ouvriront, mais pour l'instant, ils restent fermés.
   Qui suis-je? _____

2. Je ne ressemble pas à ma maman; j'ai de la fourrure blanche et touffue. Quand ma fourrure sera grise et lisse, je serai exactement comme elle!
   Qui suis-je? _____

3. Je suis déplumé! Apporte-moi de la nourriture! Quand j'aurai mes plumes, je partirai de cet arbre.
   Qui suis-je? _____

Le cycle de vie

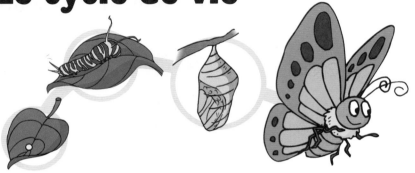

- Quelques animaux se métamorphosent ou changent complètement pendant leur cycle de vie.

A. Nomme chaque étape du cycle de vie de chaque animal.

la grenouille

le têtard   l'adulte   l'œuf

_____   _____   _____

la libellule

l'adulte   la larve   l'œuf

_____   _____   _____

le papillon

l'œuf   la chrysalide   la chenille   l'adulte

_____   _____   _____   _____

B. **Lis ce que dit Suzanne. Aide-la à associer les bonnes chenilles à leurs adultes. Écris les lettres.**

Les chenilles ne ressemblent pas à leurs parents, mais parfois leurs motifs ou leurs couleurs se ressemblent.

C. **Encercle les mots donnés qui sont reliés aux cycles de vie dans les mots cachés.**

larve   métamorphose   pupe   œuf   adulte   cycle de vie   chenille

z	x	c	c	v	b	n	m	c	k	j	h	g
m	é	t	a	m	o	r	p	h	o	s	e	s
q			t	e	r	b	u	e	o			x
a			e	o	h	j	p	n	m			v
c	y	c	l	e	d	e	v	i	e	b	n	é
f	g	h	p	u	t	w	e	l	a	r	v	e
a	s	é	r	f	c	l	t	l	y	p		g
r			p	t	u	f	b	e				u
t			u	o	k	d	s	g	h	j	t	y
i	r	e	p	w	q	a	a	d	u	l	t	e
u	i	p	e	l	k	j	g	f	d	s	a	q

Le camouflage et l'adaptation

On est camouflés!

- Certains animaux se camouflent naturellement. Leurs couleurs ou leurs motifs leur permettent de passer inaperçus en s'intégrant dans leurs environnements.
- Ni les prédateurs ni les proies ne sont capables de voir facilement les animaux camouflés.

A. Colorie les animaux camouflés pour leur permettre de passer inaperçus dans leurs environnements.

1.

le tigre

le lièvre

le serpent

2.

l'aigle

le chameau

le scorpion

3.

l'ours polaire

le renard arctique

le manchot

B. Cherche et colorie l'animal camouflé dans chaque image.

1.

2.

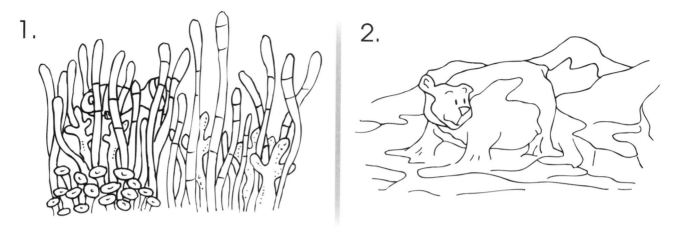

**C. Écris « un prédateur » ou « une proie »
pour décrire les animaux camouflés.**

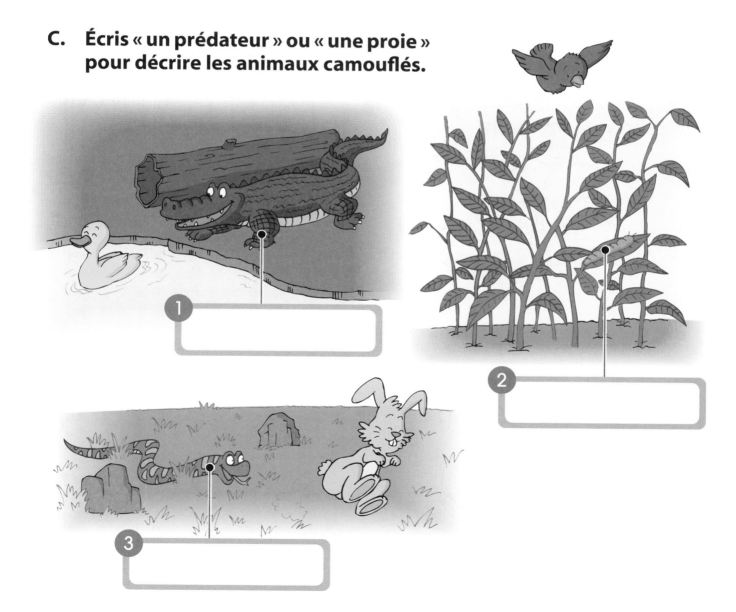

1

2

3

Les propriétés des liquides et des solides

- Un solide a une forme qui ne se change pas facilement.
- Un liquide coule et prend la forme de son contenant.

A. Colorie les liquides dans chaque image.

B. Colorie les solides dans chaque image.

C. **Aide Mme Shaw à tracer des lignes pour montrer si les objets qu'elle va acheter sont des solides ou des liquides.**

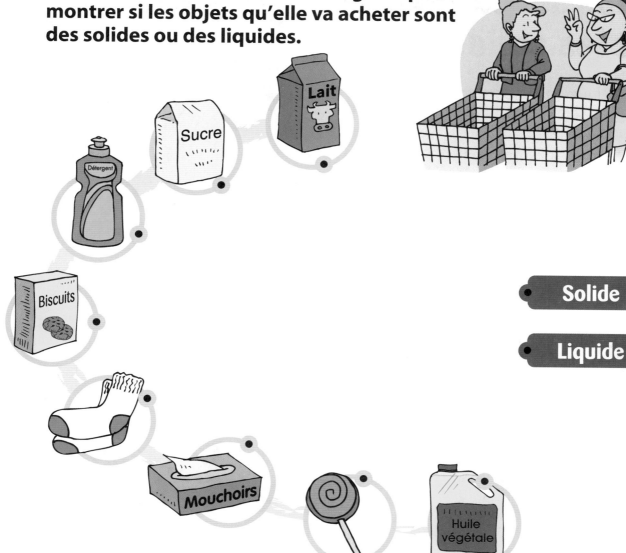

Solide

Liquide

D. **Qu'est-ce que c'est? Écris « solide » ou « liquide » pour chaque vers.**

1

Verse-le
Bois-le
Fais-le couler
Fais-le dégouliner

C'est un _____ .

2

Frappe-le
Tiens-le
Tourne-le
Plie-le

C'est un _____ .

11

Plus sur les liquides et les solides

- Quelques solides peuvent se dissoudre dans des liquides, c'est-à-dire, ils semblent y disparus.
- Quelques solides peuvent absorber les liquides.

Regardez, ça disparaît!

A. Coche ✔ les images montrant un solide qui se dissout dans un liquide.

B. Colorie les solides qui ne se dissolvent pas dans l'eau.

C. **M. Soupe a eu un accident. Aide-le à nettoyer. Colorie les solides qui vont absorber des liquides.**

D. **Encercle les bons mots dans les phrases.**

1. Un linge à vaisselle   absorbe / se dissout   l'eau sur la vaisselle mouillée.

2. Le sel   absorbe   /   se dissout   dans une marmite de soupe aux tomates.

12

Les trois états de l'eau

- L'eau peut être un liquide, un solide ou un gaz.
- La chaleur et le froid peuvent changer l'état de l'eau.

Monsieur Eau, tu es dans quel état maintenant?

A. **Dans quel état l'eau est-elle dans chaque image? Écris « liquide », « solide » ou « gazeuse ».**

1

_____

2

_____

3

_____

4

_____

5

_____

6

_____

7

_____

8

_____

B. **Que va-t-il se passer? Remplis les blancs avec « s'évaporer », « fondre » ou « geler ».**

1.

 Le bonhomme de neige va _____ .

2.

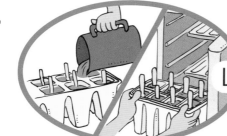 Le jus va _____ .

3.

 La soupe va _____ .

C. **Lis les indices. Complète les mots croisés.**

Ceci est formé quand l'eau gèle. →

Quand l'eau est chauffée, elle devient ceci. →

La neige et la glace sont dans cet état. →

eau   gaz   glace
liquide   solide

Quand nous la buvons, l'eau est dans cet état. →

Quand la glace fond, elle devient ceci. →

13

La flottabilité

- Quand quelque chose peut flotter sur l'eau, nous disons qu'il est flottable.
- C'est important de considérer la flottabilité des d'un matériau quand nous fabriquons des objets.

J'aime ces nouveaux jouets flottants, papa.

A. **Colorie les objets flottables dans l'image.**

B. **Pour chaque usine, choisis le meilleur matériau pour fabriquer les objets. Écris sur les lignes.**

bois

liège

métal

glace

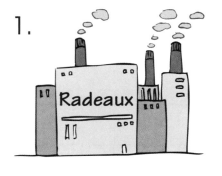

1. Radeaux

_____

2. Ancres

_____

C. Colorie les objets qui flottent pour aider Sam à traverser la rivière.

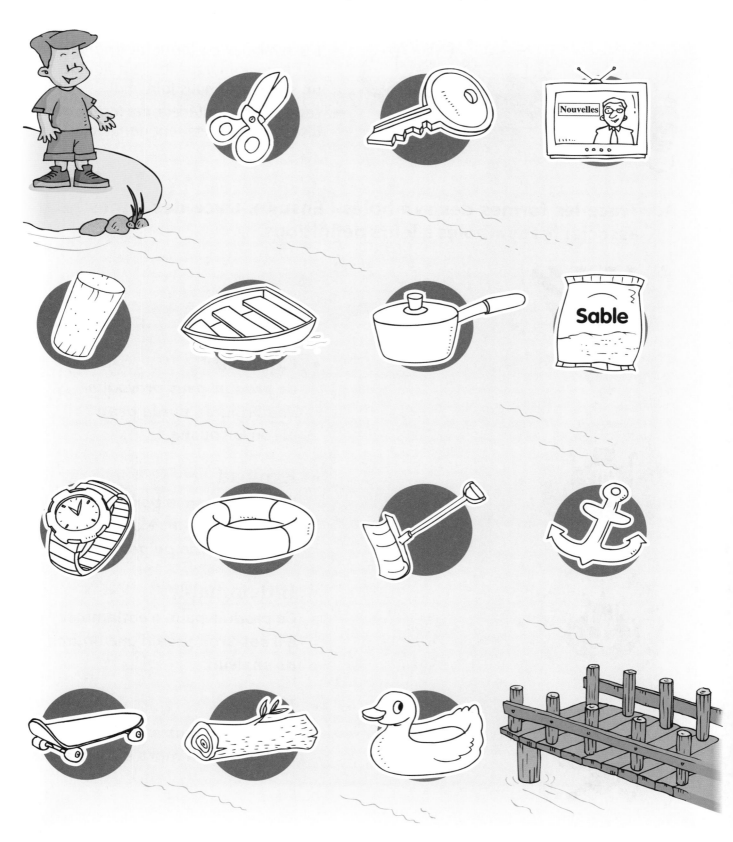

14

Les symboles de danger

- Les symboles en forme de triangle ou d'octogone indiquent si un liquide ou un solide peut nous faire mal.
- Les images à l'intérieur des formes nous disent quels objets sont dangereux.

A. **Trace les formes des symboles. Ensuite, trace des lignes pour associer les symboles à leurs définitions.**

- **Corrosif**
  Ce produit peut provoquer des brûlures sur la peau si l'on le touche.

- **Explosif**
  Les contenants portant ce symbole peuvent exploser s'ils sont chauffés ou percés.

- **Inflammable**
  Ce produit peut s'enflammer s'il est trop près d'une source de chaleur.

- **Poison**
  Ce produit peut entraîner la maladie ou la mort s'il est avalé.

B. Associe chaque étiquette à son symbole de danger. Écris la lettre.

 A   B    C    D

Ne pas percer le contenant!
Ne pas placer près d'une
source de chaleur.

*Il peut exploser s'il est chauffé
ou percé.*

1

Ne pas entreposer près de la
chaleur ou des flammes.

*Il peut s'enflammer facilement
s'il est à proximité d'une source
de chaleur.*

2

Ne pas manger et ne pas boire!

*Il peut entraîner la maladie ou
la mort s'il est avalé.*

3

Ne pas toucher à mains nues!

*Il peut provoquer des brûlures
en cas de contact avec la peau
ou les yeux.*

4

C. Colorie les bons symboles. Ensuite, utilise les mots qui décrivent les symboles pour compléter les mots croisés.

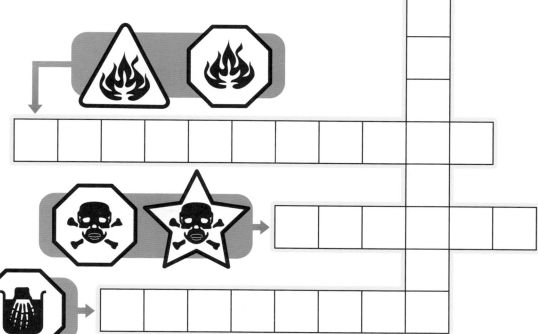

15

L'air qui nous entoure

- L'air nous entoure. Nous ne le voyons pas, mais nous savons qu'il est présent quand il prend de l'espace ou déplace des choses.
- Nous donnons à l'air en mouvement des noms différents et nous nous habillons de différentes façons selon la température de l'air.

A. Colorie les objets pour montrer la présence de l'air.

1. **L'air déplace des objets :** les objets qui sont soufflés par le vent

2. **L'air prend de l'espace :** les objets qui ont de l'air à l'intérieur d'eux-mêmes

B. Encercle différents noms de l'air en mouvement dans les mots cachés.

brise
chinook
grand vent
harmattan
vent
mousson
simoun
Santa Ana
sirocco
williwaw
zéphyr

é	S	t		A	z	u	h	g	S	X
b	r	i	s	e	é	h	a	r	a	g
	k	l	P	q	p	w	r	a	n	c
m	g	é	l	é	h	r	m	n	t	h
o	n	d	z	a	y		a	d	a	i
u	s	g	j	k	r	l	t			n
s	i	r	o	c	c	o	t	v	A	o
s	m	e	v	e	n	t	a	e	n	o
o	o	w		A	j	k	n	n	a	k
n	u	y	W	p	s	i	o	t	u	n
a	n	w	i	l	l	i	w	a	w	v

C. Complète le tableau en précisant les activités que tu effectuerais selon la température de l'air.

| Air froid | Air chaud |

Comment je m'habille : _____ _____

Les jeux auxquels je joue : _____ _____

Les sports auxquels je joue : _____ _____

Ce que je mange : _____ _____

16

L'eau qui nous entoure

L'eau, c'est amusant!

- L'eau peut se trouver dans différents endroits et être sous différentes formes.
- L'eau passe à travers un cycle d'évaporation et de précipitation.

A. **Où l'eau se trouve-t-elle dans notre environnement? Écris les mots sur les lignes.**

la rivière   le lac
l'océan l'étang
la glace   la cascade
le puits

1

2

_____

_____

3

4

_____

_____

5

6

7

_____

_____

_____

B. **Encercle les formes de l'eau qui nous entourent dans les mots cachés.**

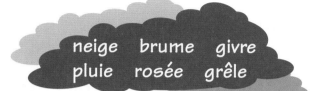

neige   brume   givre
pluie   rosée   grêle

é	g	i	v	r	e	t	n
b	r	u	m	e	t	y	e
g	ê	n	m	è	g	u	i
p	l	u	i	e	k	i	g
ê	e	i	r	o	s	é	e

C. **Nomme différentes étapes du cycle de l'eau dans l'environnement. Ensuite, trace des lignes pour associer les étapes à celles que tu peux observer chez toi.**

l'évaporation
la condensation
la précipitation

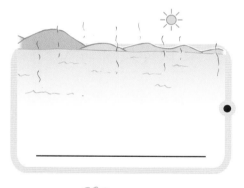

_____

_____

_____

L'air et l'eau propres

- Les êtres vivants ont besoin d'air et d'eau propres pour avoir une vie saine, mais plusieurs de nos actions polluent l'air et l'eau.

A. Barre ✗ les images qui montrent la pollution de l'air et de l'eau. Ensuite, colorie les images de l'air et de l'eau propres.

B. Lis chaque panneau. Colorie la bonne chose à faire.

1.

Prenez soin de l'air!

2.

Ne gaspillez pas d'eau!

3.

Pas de déchets!

4.

Sauvez les océans!

L'énergie

- L'énergie utilisée pour réaliser un mouvement peut être considérée comme « entrée » et le mouvement comme « sortie ».
- Plusieurs types d'énergie peuvent être considérés comme « entrée ».

A. **Regarde chaque paire d'images. Écris « entrée » ou « sortie » et décris-les.**

1.

entrée

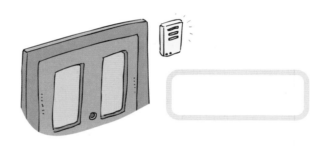

Appuyer sur le ___bouton___ . _____

2.

_____

_____

3.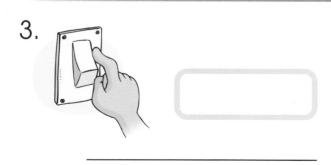

_____

_____

B. **Nomme les sources d'énergie. Ensuite, associe chaque source à la chose qui en dépend pour fonctionner.**

la nourriture   l'électricité   l'essence   le vent

1.

2.

3.

4.

C. **Trouve sept mots liés à l'énergie sur la page précédente et cette page. Écris-les sur les lignes.**

_____   _____   _____   _____

_____   _____   _____

L'énergie de l'eau et de l'air en mouvement

- Quand l'air et l'eau se déplacent, ils deviennent des sources d'énergie.
- Nous avons trouvé plusieurs façons d'utiliser ces sources d'énergie pour nous aider.

A. **Écris les lettres manquantes pour compléter les devinettes. Associe les devinettes aux images correspondantes. Écris les lettres.**

1. C'est l'heure de faire du surf,

   Je me laisse porter par une ___ague.

   L'eau se déplace rapidement,

   Je dois être courageux.

2. Le ciel est bleu,

   Les nuages sont blancs.

   Avec du vent fort comme cela,

   Je pourrais faire voler mon ___erf-volant.

3. Plus qu'une brise,

   Moins qu'un coup de vent.

   Avec un vent constant

   Je pourrais faire de la ___oile.

4. Mon bateau se déplace

   Vers le haut et vers le bas.

   C'est la troisième fois

   Que je fais du ___afting.

B. Certaines images ci-dessous montrent les situations où l'eau et l'air en mouvement servent de sources d'énergie. Associe les images aux bonnes descriptions. Écris les lettres.

A L'énergie ne se produit pas quand l'eau arrête de se déplacer.

B L'eau en mouvement produit de l'énergie.

C Le vent arrête de produire de l'énergie.

D Le vent produit de l'énergie.

1.

2.
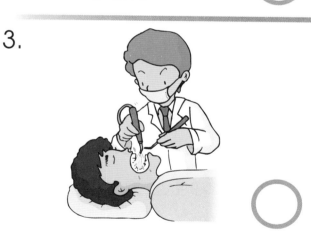

3.

4.

C. Utilise les lettres données pour compléter le mot que M. Terre veut nous dire.

r n
a

L'énergie de l'eau et de l'air en mouvement est ___e___ouvel___ble. Cela veut dire qu'ils sont des sources d'énergie propres sans effets négatifs sur moi.

20

Les moulins à vent et les roues à aubes

- Les moulins à vent et les turbines sont utilisés pour transformer le vent et l'eau en mouvement en sources d'énergie qu'on peut utiliser.
- Une station hydroélectrique est un endroit où l'énergie de l'eau en mouvement est transformée en énergie électrique.

A. Remplis les blancs avec les mots donnés pour compléter le texte.

voile	le vent	scies	l'eau
le maïs	moulins à vent		l'électricité

1. _____ est utilisé comme source d'énergie depuis longtemps. Les Égyptiens l'utilisaient pour partir à la 2. _____ sur le fleuve Nil. Les premiers 3. _____ ont été construits en Perse vers 600 EC. Ils servaient à moudre 4. _____ et à pomper 5. _____ souterraine. Plus tard, les Européens utilisaient les moulins à vent pour alimenter les 6. _____ dans les scieries et pour moudre les grains. Aujourd'hui, les moulins à vent servent encore à produire 7. _____ .

B. Regarde les « roues » qui utilisent le vent ou l'eau en mouvement pour produire de l'énergie. Écris « vent » ou « eau en mouvement » sur les lignes. Ensuite, réponds à la question.

1.

_____

2.

_____

3.

_____

4.

_____

5.

Pour les roues qui produisent de l'énergie, décris ce qui se passerait si l'eau ou le vent s'arrêtait.

_____

Les positions

- Il y a certains mots qui nous aident à décrire où se trouve quelque chose.
- Il y a d'autres mots qui nous indiquent dans quelle direction se déplace un objet.

Amy Janet Linda

Janet est entre Amy et moi.

A. Colorie les jouets.

Le(s) jouet(s)

- **derrière la toupie** – vert
- **sur le dinosaure** – bleu
- **en dessous du soldat** – jaune
- **à côté du cerf-volant et sur la boîte** – rose
- **entre la balle et la souris** – gris

- **devant le robot** – orange
- **dans une boîte** – violet
- **au-dessus de la toupie** – rouge

B. **Trouve tous les mots dans (A) qui indiquent la position d'un objet. Écris-les sur les lignes.**

_____   _____   _____

_____   _____   _____

_____   _____   _____

C. **Lis les directions et dessine le chemin que Rebecca devrait suivre pour trouver son chapeau.**

- autour de la balançoire
- monte l'échelle
- à travers le tunnel
- descendre la glissoire
- au-dessus du cheval à bascule
- en dessous du banc

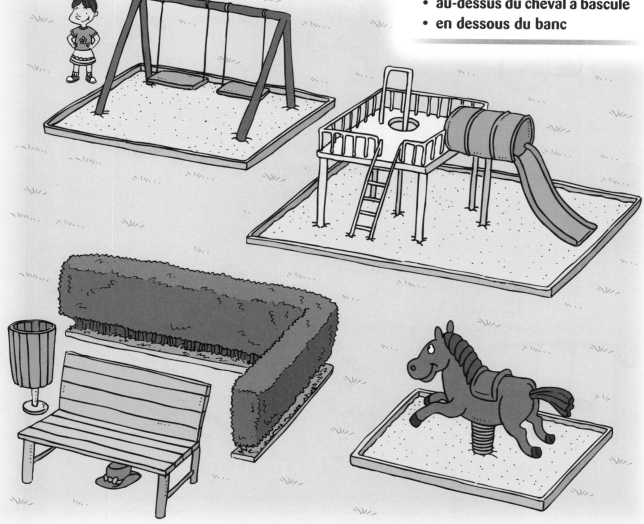

Les mouvements

Tourner en rond, c'est amusant!

- Une série de mouvement est la façon dont quelque chose se déplace d'une façon répétée.

A. Identifie les séries de mouvements des sports suivants. Écris les bons mots sur les lignes.

rebondir   glisser   tourner en rond   faire des zigzags

rouler   se balancer   virer

1 _____

2 _____

3 _____

4 _____

5 _____

6 _____

7 _____

B. **Lis ce que disent les enfants. Associe les enfants à leurs attractions préférées. Écris les lettres.**

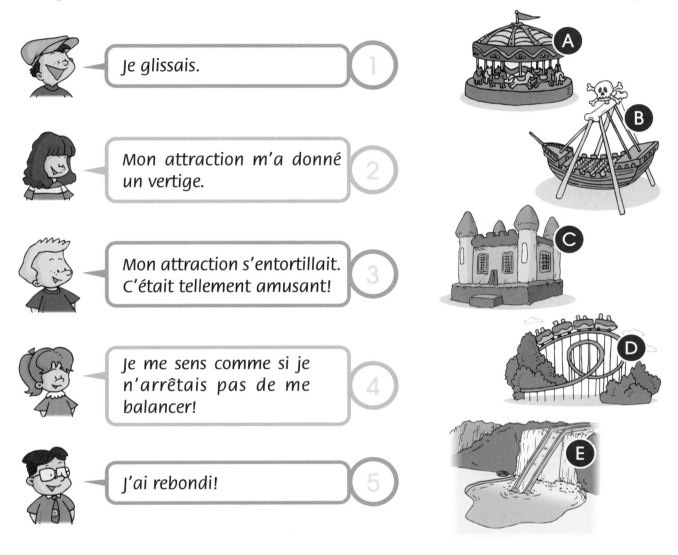

Je glissais. ◯1

Mon attraction m'a donné un vertige. ◯2

Mon attraction s'entortillait. C'était tellement amusant! ◯3

Je me sens comme si je n'arrêtais pas de me balancer! ◯4

J'ai rebondi! ◯5

C. **Décris les séries de mouvements nécessaires pour faire fonctionner ces objets.**

tourner

glisser

rouler

1. _____

2. _____

3. _____

Les machines simples

- Les machines simples nous rendent la vie plus facile.

Je peux déplacer cette roche facilement en utilisant un bâton et une petite roche.

A. Écris à quel type de machine simple correspond chaque outil. Ensuite, choisis le bon outil pour effectuer chaque tâche. Écris la lettre.

un plan incliné   une cale   un levier

un axe de roue   une vis   une poulie

A _____

B _____

C _____

D _____

E _____

F _____

Gardez la porte **ouverte**

Farine

1

2

3

4

5

6

B. Barre **X** les objets qui ne sont pas des exemples de leviers.

Exemples de leviers

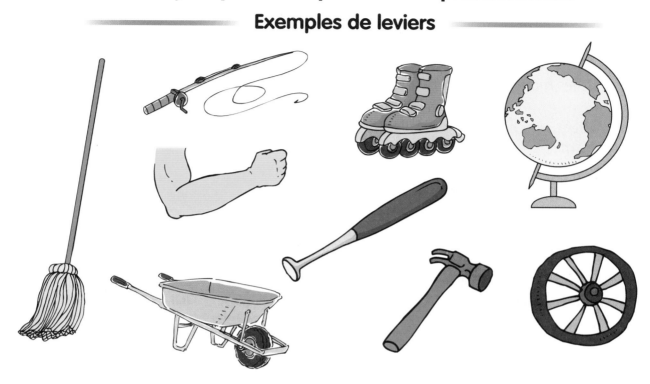

C. Utilise le nom de chaque magasin comme indice pour indiquer ce qui est dans chaque boîte.

cales   leviers

axes de roues

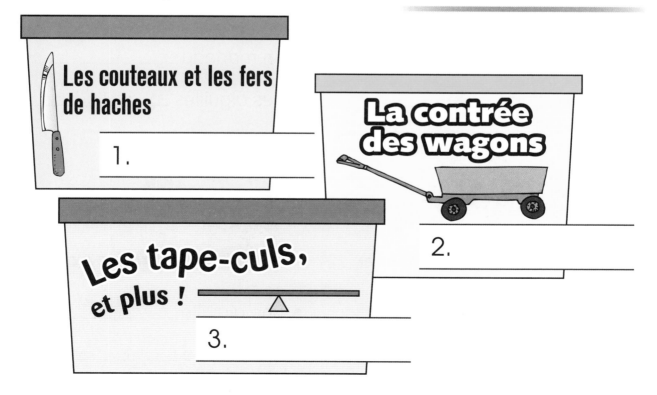

Les couteaux et les fers de haches

1.

La contrée des wagons

2.

Les tape-culs, et plus !

3.

Les mouvements et les mécanismes

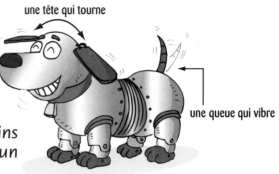

une tête qui tourne

une queue qui vibre

- *Parfois, les mouvements forment des séries.*
- *Quand une machine simple est liée à au moins une autre machine simple, elles deviennent un mécanisme.*
- *Quelques mécanismes peuvent nous aider à déplacer des objets plus facilement.*

A. **Utilise les mots donnés pour décrire les types de mouvements dans chaque image.**

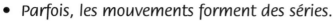

qui se balancent   qui vibre   qui tourne(nt)   qui rebondissent

1.

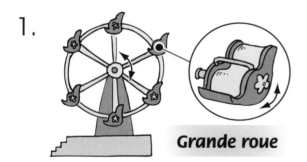

Grande roue

- une grande roue _____
- des chaises _____

2.

Réveil

- un marteau _____
- des aiguilles _____

3.

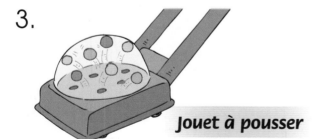

Jouet à pousser

- des balles _____
- une base _____

4.

Machine à coudre

- une aiguille _____
- une bobine _____

B. **Encercle trois mécanismes dans la collection de Mathieu.**

C. **Identifie la machine simple attachée au levier dans chaque mécanisme. Ensuite, écris les noms de mouvement.**

vis   cale

tirer   pousser   tourner

1   • _____ + levier

Mouvement : _____

2   • _____ + levier

Mouvement : _____

3   • _____ + levier

Mouvement : _____

Réponses

1 Les nombres de 1 à 20

1. 13
2. 16
3. 9
4. 5
5. 17
6. 8
7. quatorze
8. huit
9. seize
10. dix-neuf
11. vingt
12. onze
13. sept
14. douze
15.

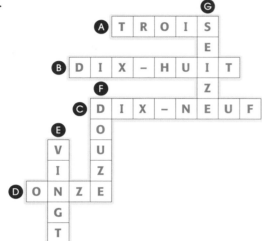

16. 15
17. 18
18. 11
19. 5, 6, 10, 11
20. 9, 14, 17, 20
21. 8, 13, 15, 19
22. 5, 12, 16, 18
23. 10 ; 11 ; 13 ; 14 ; 16 ; 17
24. 15 ; 13 ; 12 ; 10 ; 8 ; 7
25. 12 ; 13 ; 16 ; 17 ; 19 ; 20
26. 12
27. 7
28. 5
29. 16
30. 1
31. 11
32. 5
33. 8
34. 11
35. en tout ; 12 ;

$$\begin{array}{r} 7 \\ + \ 5 \\ \hline 1\,2 \end{array}$$

36. reste-t-il ; 7 ;

$$\begin{array}{r} 1\,6 \\ - \ 9 \\ \hline 7 \end{array}$$

37. de plus que ; 13 ;

$$\begin{array}{r} 9 \\ + \ 4 \\ \hline 1\,3 \end{array}$$

38. reste-t-il ; 4 ;

$$\begin{array}{r} 1\,2 \\ - \ 8 \\ \hline 4 \end{array}$$

2 Les nombres de 21 à 100

1. 48
2. 36
3. 15
4. 19
5. 78
6. 56
7. 60, 57, 49, 42
8. 84, 80, 68, 48
9. 53, 50, 35, 33
10.

    a. 16
    b. 32
11.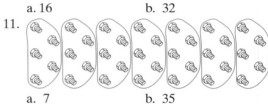

    a. 7
    b. 35
12. 12
13. 7
14. 40
15. 100
16. 90
17. 35
18. 20 ; 35 ; 40
19. 30 ; 50 ; 90
20. 50 ; 52 ; 58
21. 4 ; 3 ; 43 ;

22. 5 ; 2 ; 52 ;

23. 7 ; 3
24. 28
25. 6 ; 5
26. 91
27. 32

3 L'addition des nombres à 2 chiffres

1. 47
2. 64
3. 39
4. 89
5. 97
6. 85
7. 85
8. 72
9. 38
10. 87
11. 38
12. 77
13. 49
14. 39
15. 72
16. 66
17. 56
18. 99

19. ①
```
   3 5
 + 2 8
   6 3
```

20. ①
```
   4 7
 + 2 9
   7 6
```

21. ①
```
   1 8
 + 5 4
   7 2
```

22. ①
```
   4 3
 + 3 9
   8 2
```

23. ①
```
   2 4
 + 2 9
   5 3
```

24. ①
```
   6 3
 + 1 7
   8 0
```

25. 56

26. 84

27. 70

28. 63

29.

```
   2 4
 + 1 9
   4 3
```

```
   5 3
 + 3 7
   9 0
```
```
   4 8
 + 4 8
   9 6
```
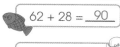
62 + 28 = _90_   25 + 16 = _41_
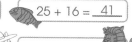
9 + 49 = _58_   33 + 8 = _41_

30. a.
```
   30  32  35       40
```
b. 30 ; 30

31. a.
```
   60      65      69 70
```
b. 70 ; 70

32. a.
```
   40     44 45      50
```
b. 40 ; 40

33. 92 ;
```
     4 0
   + 5 0
     9 0
```

34. 65 ;
```
     5 0
   + 2 0
     7 0
```

35. 93 ;
```
     8 0
   + 1 0
     9 0
```

36. 83 ;
```
     6 0
   + 2 0
     8 0
```

37. 52 ;
```
     1 4
   + 3 8
     5 2
```

38. 52 ;
```
     4 6
   +   6
     5 2
```

39. 74 ;
```
     3 7
   + 3 7
     7 4
```

40. 36 + 36 ; 72 ; 72

7. 12

8. 12

9. 13

10.
```
   3 8
 - 1 5
   2 3
```
; 23

11.
```
   7 5
 - 1 2
   6 3
```
; 63

12. 28

13. 39

14. 16

15.
```
   6 10
   7 0
 - 3 6
   3 4
```

16.
```
   7 11
   8 1
 - 4 9
   3 2
```

17.
```
   3 12
   4 2
 - 3 4
     8
```

18. 18

19. 18

20. 17

21. 25

22. 14

23. 18

24. a.
```
   9 4
 - 3 9
   5 5
```
; 55

b.
```
   4 6
 - 3 9
     7
```
; 7

25. a.
```
   32            49
   30      40    50
```
b. 30 ; 50

c. 17 ;
```
   5 0
 - 3 0
   2 0
```

26. a.
```
   76        93
   70  80  90  100
```
b. 80 ; 90

c. 17 ;
```
   9 0
 - 8 0
   1 0
```

27. 28 ;
```
   5 0
 - 2 0
   3 0
```

28. 18 ;
```
   7 0
 - 5 0
   2 0
```

29. 24 ;
```
   6 0
 - 3 0
   3 0
```

30. 35 ;
```
   8 0
 - 5 0
   3 0
```

31. A : 61 ; B : 43 ; C : 76

32. C

33. B

34. 18 ;
```
   6 1
 - 4 3
   1 8
```

35. 33 ;
```
   7 6
 - 4 3
   3 3
```

36. 34 ;
```
   5 0
 - 1 6
   3 4
```

4   La soustraction des nombres à 2 chiffres

1. 34

2. 61

3. 53

4. 53

5. 41

6. 4

5   Plus sur l'addition et la soustraction

1. 85 ;
```
   5 0
 + 4 0
   9 0
```

2. 38 ;
```
   6 0
 - 3 0
   3 0
```

3. 24 ;
$$\begin{array}{r} 50 \\ -\ 30 \\ \hline 20 \end{array}$$

4. 95 ;
$$\begin{array}{r} 10 \\ +\ 80 \\ \hline 90 \end{array}$$

5. 51 ;
$$\begin{array}{r} 70 \\ -\ 20 \\ \hline 50 \end{array}$$

6. 85 ;
$$\begin{array}{r} 80 \\ +\ 10 \\ \hline 90 \end{array}$$

7. ✔ ; 95

8. ✘ ; 45 ;
$$\begin{array}{r} 29 \\ +\ 55 \\ \hline 84 \end{array}$$

9. ✔ ;
$$\begin{array}{r} 28 \\ +\ 39 \\ \hline 67 \end{array}$$

10. ✘ ; 38 ;
$$\begin{array}{r} 14 \\ +\ 48 \\ \hline 62 \end{array}$$

11. ✘ ; 29 ;
$$\begin{array}{r} 49 \\ +\ 27 \\ \hline 76 \end{array}$$

12. ✘ ; 25 ;
$$\begin{array}{r} 16 \\ +\ 35 \\ \hline 51 \end{array}$$

13. 38 ;
$$\begin{array}{r} 75 \\ -\ 37 \\ \hline 38 \end{array}$$;
$$\begin{array}{r} 37 \\ +\ 38 \\ \hline 75 \end{array}$$

14. 57 ;
$$\begin{array}{r} 61 \\ -\ 4 \\ \hline 57 \end{array}$$;
$$\begin{array}{r} 4 \\ +\ 57 \\ \hline 61 \end{array}$$

15. 66 ;
$$\begin{array}{r} 82 \\ -\ 16 \\ \hline 66 \end{array}$$;
$$\begin{array}{r} 16 \\ +\ 66 \\ \hline 82 \end{array}$$

16. 47 ;
$$\begin{array}{r} 96 \\ -\ 49 \\ \hline 47 \end{array}$$;
$$\begin{array}{r} 49 \\ +\ 47 \\ \hline 96 \end{array}$$

17. 56 ; 17 ; 73
73 ; 17 ; 56
73 ; 56 ; 17

18. 28 ; 62 ; 90
62 ; 28 ; 90
90 ; 62 ; 28

19. 43 + 27 ; 70
27 + 43 ; 70
70 – 43 ; 27
70 – 27 ; 43

20. 14 + 32 ; 46
32 + 14 ; 46
46 – 14 ; 32
46 – 32 ; 14

21. 67 + 15 ; 82
15 + 67 ; 82
82 – 67 ; 15
82 – 15 ; 67

2. 4 mai ; 10 mai ; 7 ; 1

3. 15 mai ; 28 mai ; 14 ; 2

4.

5. A : 14   B : 12
   C : 17   D : 11

6. D   7. C

8. A : 15 ; 8
   B : 5 ; 6
   C : 3 h 00 ; 3 heures
   D : 6 h 30 ; 6 heures et demie

9. a.
   b. 1

10. a.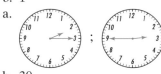
    b. 30

11. A : 18 ; B : 0 ; C : 27 ;
    De haut en bas : C ; B ; A

12. 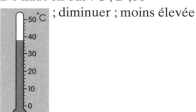 ; diminuer ; moins élevée

6   L'heure et la température

1.

	LUN	MAR	MER	JEU	VEN	SAM	DIM
Horaire de Judy — **mai** *mois après avril* **2019** *année après 2018*							
			1	2	3	☀	☀
	☀	☀	☀	☀	☀	11	12
	13	14	15	16	17	18	19
	20	21	22	23	24	25	26
	27	28	29	30	31		

7   La longueur

1. (Réponses individuelles)
2. C   3. D
4. a. 10 ; 12   b. 🧍
5. a. 2 ; 16   b. ✋

6. A : long ; 10 cm
    B : court ; 9 cm
    C : 13 cm
7. C
8. 3 cm
9.

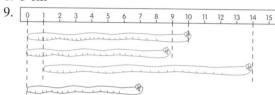

10.

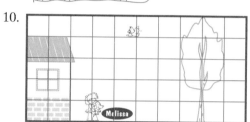

11. 4 ; 5   12. grande
13. 1 m   14. 5 m
15. 4 m   16. 2 m
17. 3 m

8   Le périmètre et l'aire

1. A ; B ; D
2. A : 22   B : 18
    C : 12   D : 12
    E : 6   F : 8
3. A : 15   B : 21
    C : 36   D : 20
4.
5. plus petite
6 et 8.

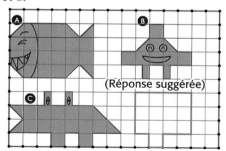

(Réponse suggérée)

A : 21   B : 9
C : 16
7. A

9   L'argent

1. 1 ; 1 dollar
2. 25 ; 25 cents
3. 1 ; 1 cent
4. 10 ; 10 cents
5. 2 ; 2 dollars
6. 5 ; 5 cents
7. A, C
8. A, B
9. 83 ¢   10. 60 ¢
11.

   25 ¢   10 ¢   10 ¢   1 ¢   1 ¢   1 ¢

12.

   25 ¢   25 ¢   10 ¢   5 ¢   1 ¢

13.

   25 ¢   25 ¢   25 ¢   10 ¢   1 ¢   1 ¢

14-15. (Réponses suggérées)
14.

   10 ¢   10 ¢   10 ¢   10 ¢   10 ¢   10 ¢   10 ¢   1 ¢

15.

   25 ¢   10 ¢

16.

17.

18.

19.

20. ⬭25¢⬭ ⬭25¢⬭ ⬭25¢⬭ ⟨5¢⟩ ⟨5¢⟩ ⟨1¢⟩ ⟨1¢⟩ ⟨1¢⟩ ⟨1¢⟩ ;
89

21. ⬭25¢⬭ ⬭25¢⬭ ⟨10¢⟩ ⟨10¢⟩ ⟨10¢⟩ ⟨5¢⟩ ⟨5¢⟩ ⟨1¢⟩ ⟨1¢⟩ ;
67

10 L'addition et la soustraction de l'argent

1. 65

2.
$$\begin{array}{r} 25¢ \\ + 19¢ \\ \hline 44¢ \end{array}$$

3.
$$\begin{array}{r} 49¢ \\ + 38¢ \\ \hline 87¢ \end{array}$$

4.
$$\begin{array}{r} 27¢ \\ + 27¢ \\ \hline 54¢ \end{array}$$

5.
$$\begin{array}{r} 19¢ \\ + 49¢ \\ \hline 68¢ \end{array}$$

6.
$$\begin{array}{r} 25¢ \\ + 38¢ \\ \hline 63¢ \end{array}$$

7.
$$\begin{array}{r} 19¢ \\ + 19¢ \\ \hline 38¢ \end{array}$$

8.
$$\begin{array}{r} 27¢ \\ + 49¢ \\ \hline 76¢ \end{array}$$

9.
$$\begin{array}{r} 25¢ \\ + 49¢ \\ \hline 74¢ \end{array}$$

10. 6

11.
$$\begin{array}{r} 75¢ \\ - 68¢ \\ \hline 7¢ \end{array}$$

12. 48

13.
$$\begin{array}{r} 80¢ \\ - 16¢ \\ \hline 64¢ \end{array}$$

14. 24 ¢ ; 21 ¢ ; 49 ¢ ; 36 ¢
15. 67 ¢ ; 16 ¢ ; 32 ¢ ; 25 ¢
16. a. 80
b. 62 ¢ ;
$$\begin{array}{r} 80¢ \\ - 18¢ \\ \hline 62¢ \end{array}$$

17. a. 70
b. 24 ¢ ;
$$\begin{array}{r} 70¢ \\ - 46¢ \\ \hline 24¢ \end{array}$$

18. a. 24 ; 55
b. 79 ¢ ;
$$\begin{array}{r} 24¢ \\ + 55¢ \\ \hline 79¢ \end{array}$$

19. 75 – 16 ; 59 ;

20. 36 + 59 ; 95 ;

21. 37 + 43 ; 80 ;

11 Les figures en 2D (1)

1. ; l'hexagone

2. ; le triangle

3. ; le carré

4. ; le rectangle

5. ; le pentagone

6. ; l'heptagone

7. Ⓐ Ⓑ Ⓒ

Ⓓ Ⓔ Ⓕ

Ⓖ Ⓗ Ⓘ

8. a. F   b. Oui

9. a. A, C, I   b. 4

10. (Réponse suggérée)

11.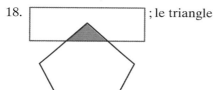

12.

13.

14.

15-16. (Régularités individuelles)

15. le cercle ; le triangle

16. l'hexagone ; le rectangle

17.   ; le carré

18.   ; le triangle

19.   ; le pentagone

12 Les figures en 2D (2)

1. B, D   2. A, C

3. C, E

4. A : le triangle   B : le triangle
   C : le triangle   D : le carré
   E : le triangle   F : le parallélogramme
   G : le triangle

5-6.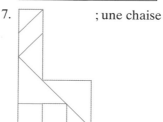

7.   ; une chaise

8.   ; un poisson

9. Coche ✔ les images A, C, E et F.
   A : 3 ; un arbre
   C : 7 ; une bougie
   E : 3 ; un bateau
   F : 7 ; un hexagone

10.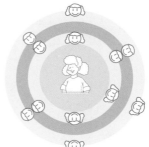

11.

13   La symétrie

1.

2.   3.

4.   5.

6.   7.

8.   9.

10.

11. 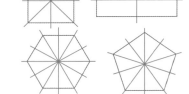   ; 4 ; 2 ; 5 ; 6

12.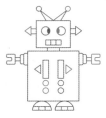

13.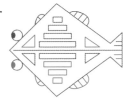

14.

15.

16.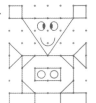

17.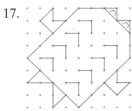

18-20. (Réponses suggérées)
18. Ce motif symétrique ressemble à un bonbon.
19. Il y a 5 triangles, 1 cercle et 1 rectangle dans ce motif symétrique.
20. Il y a 2 triangles, 6 petits cercles, 1 grand cercle et 2 rectangles dans ce motif symétrique.

21.

14   Les figures en 3D

1.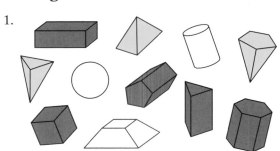

2. le cube   3. le prisme

4. la pyramide

5. ; le cône ; le prisme

6. ; la sphère ; le cube

7. ; la pyramide ; le cylindre

8. ; la pyramide ; le prisme

9. le carré

10. le triangle

11. le pentagone

12. le triangle

13. le rectangle

14. le triangle

15. B ;
A, C, D, E, F

16. C, D, E, F ;
A, B

17. A, B, E, F ;
C, D

18. 2   19. 4 ; 1

20. 12 ; 8   21. 10 ; 6

22. 9 ; 6   23. 12 ; 7

24. pyramide ; 8 ; 5

15 La multiplication (1)

1. ; 2 ; 2 ; 6 ; 12

2. ; 4 ; 5 ; 4 ; 20

3. ; 3 ; 5 ; 5 ; 15

4. 5 ; 5 ;
5 ; 5 ; 30

5. 3 ; 3 ; 3 ; 3 ;
8 ; 3 ; 8 ; 3 ; 24

6. 4 ; 4 ; 4 ; 4 ;
7 ; 4 ; 7 ; 4 ; 28

7.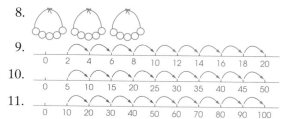

8.

9.

10.

11.

12. 2 ; 4 ; 6 ; 8 ; 10 ; 12 ; 14 ; 16 ; 18 ; 20

13. 5 ; 10 ; 15 ; 20 ; 25 ; 30 ; 35 ; 40 ; 45 ; 50

14. 10 ; 20 ; 30 ; 40 ; 50 ; 60 ; 70 ; 80 ; 90 ; 100

15. a. 6   b. 27
   c. 21   d. 15
   e. 12   f. 9

16. a. 24   b. 20
   c. 28   d. 36
   e. 12   f. 16

17. 20 ;

16 La multiplication (2)

1. 6 ; 12 ; 18 ; 24 ; 30 ; 36 ; 42 ; 48 ; 54 ; 60

2. 7 ; 14 ; 21 ; 28 ; 35 ; 42 ; 49 ; 56 ; 63 ; 70

3. a. 32   b. 16
   c. 64   d. 56
   e. 24   f. 48
   g. 72

4. 10 x 8 ; 80 ; 80

5. a. 45   b. 18
   c. 63   d. 54
   e. 81   f. 72
   g. 9

6. 4 x 9 ; 36 ; 36   7. 28

8. 18   9. 80

10. 36   11. 48

12. 27   13. 14

14. 32   15. 63

16. 42

17. 24

18. 54

19. A : 45   B : 48

    C : 49   D : 18

    E : 18

20. C

21. B

22. 54 ;
$$\begin{array}{r} 9 \\ \times\ 6 \\ \hline 5\,4 \end{array}$$

23. 56 ;
$$\begin{array}{r} 8 \\ \times\ 7 \\ \hline 5\,6 \end{array}$$

24. 48 ;
$$\begin{array}{r} 6 \\ \times\ 8 \\ \hline 4\,8 \end{array}$$

25. 28 ;
$$\begin{array}{r} 7 \\ \times\ 4 \\ \hline 2\,8 \end{array}$$

26. 36 ;
$$\begin{array}{r} 6 \\ \times\ 6 \\ \hline 3\,6 \end{array}$$

17 Plus sur la multiplication

1. 1 ; 1 ; 1 ; 6 ; 6

2. 0 ; 0 ; 5 ; 0

3. 0 ; 0 ; 7 ; 0

4. 1 ; 1 ; 4 ; 4

5. 12   6. 0   7. 9

8. 12   9. 0   10. 21

11. 2   12. 32   13. 10

14. 18   15. 49   16. 20

17. 0   18. 3   19. 6

20. 14   21. 0

22.  ; 2 ; 12

23.  ; 5 ; 15

24.  ; 4 ; 28

25. 6 ; 24

26. 7 ; 21

27. 5 ; 40

28. 9 ; 36

29. 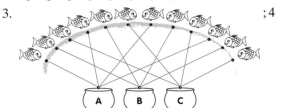 ; 2

30. 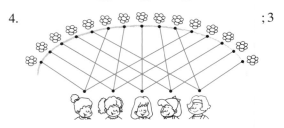 ; 3

18 La division

1.  ; 12 ; 3

2. ; 20 ; 4

3. ; 4

4. ; 3

5. a. 12   b. 4

6. a. 20   b. 4

7. a.

   b. 6   c. 3

8. ; 7 ; 21 ; 21 ; 3

9. ; 6 ; 24 ; 24 ; 4

10. 5

19 Les fractions (1)

1.
2.
3.
4.
5.
6.
7.
8.
9.
10. A, D
11. B, C
12. A, D
13. trois
14. un quart
15. quatre cinquièmes
16. une moitié
17. deux tiers
18. cinq huitièmes
19. a-b.   c. Deux tiers

20. a-b.   c. Trois quarts

21.   ; Deux tiers

22.   ; Cinq sixièmes

23. une ; un quart ; 4 ;

24. un tiers ; un sixième ; 6 ;

25.   ; Deux quarts sont plus grands.

20 Les fractions (2)

1.  a. Quatre
   b. quarts

2.  a. Trois
   b. tiers
   c. deux

3.  a. Huit
   b. deux
   c. Quatre

4.

5.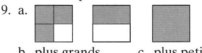

6.

7. Regroupe huit cinquièmes pour former un entier et trois cinquièmes.
8. Regroupe seize sixièmes pour former deux entiers et quatre sixièmes.
9. a.
   b. plus grands   c. plus petits
10. a.
    b. plus petits   c. plus petits
11. une moitié
12. quatre sixièmes
13. deux tiers
14. deux sixièmes
15. a.
    b. Trois cinquièmes ; un tiers

16. a.

   b. Une moitié ; deux dixièmes ; trois quarts

17. un dixième

21 La capacité

1.   2. (bouteille)

3. (boîte) 4.

5.   6. (vase)

7. C, A, B
8. C, B, A
9. D, C, A, B
10-11. (Réponses suggérées)

10.

11.

12. C 13. B
14. C 15. 4

16. (seau) 17. (aquarium)

18. une cuillère 19. un seau
20. une tasse
21-24. (Réponses suggérées)
   21. une tasse
   22. une cuillère
   23. une bouteille d'eau
   24. une tasse

22 La masse

1. (vache) 2.

3. (pommes de terre) 4.

5. le chien 6. le chien
7. l'oiseau 8. le chien
9. 4 10. 4 ; 2
11. l'arbre : 5 le cochon : 7
   la casse-noisette : 2 le cadeau : 1
   la fusée : 2

12.

13. 1 14. 2
15.  16.

17. 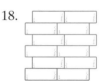 18. (briques)

23 Les régularités (1)

1. ✔ ; (pomme) 2. ✘

3. ✔ ; (cochon) 4. ✔ ; 20

5. ✔ ; (rectangle)

6. o ○ ○ ○ ○ ○ ○ ; croissante

7. 45 50 55 60 65 70 75 80 85 ; croissante

8. AAAAAAA AAAAAA AAAAA AAAA AAA AA ; décroissante

9.

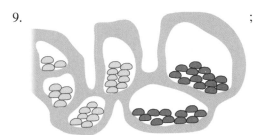

croissante

10-12. (Réponses suggérées)

10. ⌂ ⌂ ⌂ ⌂ ⌂ ⌂

11. ♨ ✿ ♨ ♨ ✿ ♨

12. ☺ ☹ ☻ ☺ ☹ ☻

13. 13 + 5 = 18 ; croissante

14. 70 − 5 = 65 ; décroissante

15-16. (Réponses suggérées)

15. ☹ ☹ ☹ ☹ ☹ ☹ ; 8 ; 6 ; 6
    ☹ ☹ ☹ ☹ ☹ ☹

16. ☺ ☺ ☺ ☺ ☺ ☺ ☺ ; 5 ; 6 ; 7
    ☺ ☺ ☺ ☺ ☺ ☺

17. 6   18. 2
19. 8   20. 4
21. 10   22. 6
23. 2

24 Les régularités (2)

1. 61, 62, 63, 64, 65, 66, 67, 68, 69, 70 ; une rangée
2. 8, 18, 28, 38, 48, 58, 68, 78, 88, 98 ; une colonne
3. décroissante

4-6.

1	2	③	4	5	6	7	8	9	10
11	12	⑬	14	15	16	17	18	19	20
21	22	㉓	24	25	26	27	28	29	30
31	32	㉝	34	35	36	37	38	39	40
41	42	㊸	44	45	46	47	48	49	50
51	52	㊳	54	55	56	57	58	59	60
61	62	㊹	64	65	66	67	68	69	70
71	72	⑱	74	75	76	77	78	79	80
81	82	⑬	84	85	86	87	88	89	90
91	92	㊦	94	95	96	97	98	99	100

4. rangée   5. colonne
6. 83 ; 78 ; 73 ; 68 ; Oui ; 63 ; 58
7. ⌂ ; la forme   8. ⌂ ; la taille

9. ⌂ ; le motif   10. ⌂ ; la position

11. la couleur ; l'orientation
12. le motif ; la taille
13. la position ; la forme
14. l'orientation ; le motif
15. grand, grand, petit ;
    en zigzag, onduleux

25 Le traitement des données

1. Grand sac de maïs soufflé au fromage : A, F, H
   Petit sac de maïs soufflé au fromage : C, I, J
   Grand sac de maïs soufflé au caramel : D, E
   Petit sac de maïs soufflé au caramel : B, G

2-5. (Coloriage et classement individuels)

6. A : À capuchon : ||||| |||| ;
      Sans capuchon : |||| ||

   B : Noir : |||| ;
      Bleu : |||| | ;
      Rouge : ||||

   C : Chandail noir à capuchon : || ;
      Chandail bleu à capuchon : |||| ;
      Chandail rouge à capuchon : || ;
      Chandail noir sans capuchon : ||| ;
      Chandail bleu sans capuchon : | ;
      Chandail rouge sans capuchon : |||

7. A   8. C

9-11. (Coloriage et réponses individuels)

Chaussures			A	B	C	D	E	F	G	H	I	J	K	L
Couleur	Bleues													
	Marron													
Type	Pour femmes	À lacets		✔				✔						
		Sans lacets	✔			✔						✔	✔	
	Pour hommes	À lacets					✔	✔		✔	✔			
		Sans lacets			✔	✔								

26 Les pictogrammes

1. la natation
2. le patinage
3. 2
4. 23
5. 3
6. 6
7. 6
8. les billes œil de chat
9. 23
10. Cercle : ||||| ; Rectangle : ||||| ;

    Carré : |||| ; Triangle : |||||||| ;

11.

Nombre de figures faites

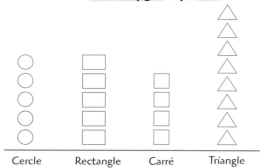

Cercle   Rectangle   Carré   Triangle

Figure

12. 22
13. le triangle
14.

Cornet de crème glacée qu'ont mangés les enfants le mois dernier

Wayne   Joe   Ann   Mary   Tim

Enfant

15. Wayne, parce qu'il a mangé le plus de cornets de crème glacée

27 Les diagrammes à bandes

1. 4
2. 2
3. les frites
4. 19

5. Nombre de boîtes de beignets vendues
6. chocolat
7. noix
8. 18
9. 1
10. Hamburger : ||||| ||| ; Salade : |||| ;

    Sandwich
    au poulet : |||| ; Frites : ||||| || ;

    Sandwich
    au poisson : |||| ; Rondelles
    d'oignons : ||||| ;

11. A

12.

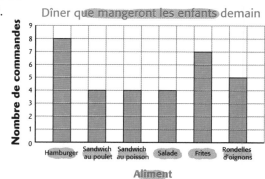

13. 8
14. 7
15. 4
16. 16

28 La probabilité

1. a. impossible b. probable
2. a. impossible b. certain
3. a. improbable b. impossible
4. a. également probable
   b. plus probable
5. a. plus probable b. peu probable
6. a. plus probable b. peu probable
7-9. (Coloriage et réponses suggérés)
7. a.

   b. rouge ; bleue
8. a.

   b. jaune ; rouge

9. a.
    b. jaune/verte
10. Colorie les roues comme indiqué.
11. A : vert ou rouge ;   B : vert, rouge ou bleu ;
    C : rouge, bleu ou jaune
12. Non   13. Oui
14. Oui   15. Oui
16.

1 L'arc-en-ciel

A. Aujourd'hui, quand je suis allée à l'école, j'ai vu un bel arc-en-ciel. Les couleurs de l'arc-en-ciel sont le (rouge), l'(orange), le (jaune), le (vert), le (bleu), l'(indigo) et le (violet).
On dit qu'il y a un trésor caché au bout d'un arc-en-ciel. On croit également que le trésor nous portera bonheur.
Qu'en penses-tu?

B. 1. violet
2. rouge
3. orange
4. jaune
5. vert
6. bleu

C.  ; trésor

2. En route vers l'école

A. Un jour, Ⓚevin va à l'éⒸole à vélo. Avant de partir, il porte son ⒸasⓆⓊe pour rester en séⒸurité. En route, il voit ⓆⓊelⓆⓊe chose de bizarre : deux perroⓆⓊets et un Ⓚangourou ⓆⓊi tient un bouⓆⓊet de fleurs. Ils Ⓒourent après lui. Ⓚevin se réveille. Il se rend Ⓒompte ⓆⓊ'il rêvait.

B. 1. Kelvin
2. école
3. casque
4. perroquets ; kangourou

C. 1. ✔
2.
3. ✔
4. ✔
5. ✔
6. ✔

3 La chasse au trésor!

A. Tous ⓁⒺs jours, ma mère court partout dans Ⓛa maison. EⓁⓁe cherche ses affaires.
EⓁⓁe oubⓁie toujours ses cⓁés. AⓁors, eⓁⓁe regarde Ⓛa tabⓁe pour Ⓛes chercher. Mais Ⓛes cⓁés sont sur Ⓛe porte-cⓁés muraⓁ à Ⓛ'entrée. De pⓁus, eⓁⓁe ne peut pas trouver son portabⓁe. Mais iⓁ est dans son sac.
IⓁ va pⓁeuvoir aujourd'hui. Heureusement, ma mère n'oubⓁie jamais son parapⓁuie. IⓁ est toujours dans sa voiture.

B. 1. table
2. parapluie
3. portable
4. clé

C.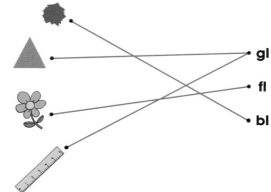

4 À la plage

A. 1. Dimanche
2. plage
3. amis
4. ballon
5. sable
6. mer

B. A. ciel
B. nager
C. mer
D. sable
E. soleil
F. amis
G. ballon
H. dîner

5 Conservons notre eau

A. Nous avons besoin d'eau p(r)op(r)e pou(r) viv(r)e. Voici quelques maniè(r)es de conse(r)ver not(r)e eau :
- Pou(r) se b(r)osser les dents, utiliser un ve(rr)e d'eau pou(r) (r)incer la bouche. (R)incer la b(r)osse à dents avec l'eau qui (r)este.
- P(r)end(r)e une douche (r)apide.
- A(rr)oser le ja(r)din avec de l'eau d'un ba(r)il de pluie.

Conse(r)ver not(r)e eau douce, c'est impo(r)tant. Ne gaspillons pas d'eau et ché(r)issons-la.

B. 1. prendre ; rapide
2. rincer ; verre
3. Arroser ; jardin

C. 1. br
2. tr
3. fr
4. er
5. vr
6. ur

6 Serge le serpent

A. (S)erge le (s)erpent vit dans la (s)avane. Quand il fait beau, (S)erge (s)e baigne dans une mare. Là, il rencontre Fran(ç)ois la (s)alamandre, (s)on ami d'enfan(c)e. Fran(ç)ois (s)aute d'un arbre dans l'eau dou(c)e. Il crie : « (S)erge, viens i(c)i. Jouons en(s)emble! »
(S)erge (s)'exclame : « J'ai tellement (s)ommeil et j'aime re(s)ter i(c)i. »
Fran(ç)ois est dé(ç)u et (s)'en va.

B. s : seau
ss : chaussure
ç : balançoires ; glaçon
c + e : cerf
c + i : citron

C. oiseau ; cuisine

7 L'anniversaire de Louis et de Léo

A. 1. jumeaux
2. anniversaire
3. patiner
4. peindre

B. 1. le jeu vidéo
2. patiner
3. l'anniversaire
4. peindre
5. nager
6. la mère

8 Les vacances aux Antilles

A. Cet été, Cam(ill)e et sa f(ill)e partent en vacances aux Ant(ill)es. Il fait sole(il). Elles portent leur ma(ill)ot de bain pour nager. Il (y) a beaucoup de coqu(ill)es et de ca(ill)oux à la plage. Elles voient aussi beaucoup de (y)achts dans la mer.
Elles passent leurs vacances aux Ant(ill)es. Quel vo(y)age merve(ill)eux!

B. 1. soleil
2. maillot
3. coquilles ; cailloux

C.

9 Les fées des dents autour du monde

A. Qu'est-ce qui se passe quand on a une dent tomb(é)e?
Au Canada (et) aux (É)tats-Unis, on place une dent sous l'oreill(er) pour attendre la visite de la f(é)e d(es) dents.
Ensuite, la f(é)e d(es) dents prend la dent (et) donne une pièce de monnaie.
Au Nig(é)ria, l(es) enfants cachent la dent de lait dans le greni(er). Donc, la souris ne peut pas la trouv(er).

B. 1. et   2. é
3. é   4. es
5. er   6. er
7. er

10 Les quatre saisons

A. 1. l'hiver
2. le printemps
3. l'automne
4. l'été
B. (Dessins individuels)
1. mars ; mai ; bourgeons
2. juin ; juillet ; soleil ; vertes
3. septembre ; octobre ; feuilles ; jaunes
4. décembre ; neige

C.

11 Où aimerais-tu aller?

A. Il y a de très nombreux endroits que je rêve de visiter.
J'aimerais aller en France. Les Français pourraient m'apprendre à faire des crêpes aux fraises.
J'aimerais aller en Irlande. Je pourrais fêter la Saint-Patrick avec mes amis irlandais.
Après, j'aimerais aller à Montréal. Je pourrais manger de la poutine formidable.

B. 1.

2.

3.

4.

5.

12 Le sandwich

A. Qui a inventé le sandwich? On pense que c'est John Montagu, un aristocrate anglais avec un titre spécial : le quatrième comte de Sandwich. Cet homme aimait jouer aux cartes chez lui. Il n'avait pas assez de temps à manger. Donc, il a recherché un chef. Et il lui a demandé de préparer de la viande avec deux tranches de pain. John Montagu a donc mangé le premier sandwich du monde.

B.

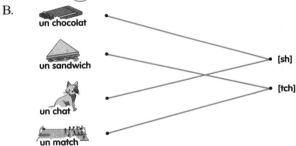

C.

13 Les trois petits cochons

A. Les trois petits coch(on)s f(on)t leurs mais(on)s. Le premier fait une mais(on) en paille; le deuxième, une mais(on) en bois; le troisième, une mais(on) en briques.
Bientôt, un loup vient souffler les mais(on)s. Mais la mais(on) en briques est forte. Il passe d(on)c par la cheminée. Mais il t(om)be sur le feu que les coch(on)s (on)t allumé. Il se brûle et quitte. Les coch(on)s s(on)t c(on)tents.

B. 1. des b(on)bons
2. une p(om)pière
3. un ball(on)
4. les trois petits coch(on)s
5. une tr(om)pette

14 Le Nunavut

A. N(u)navut ;
t(er)ritoire ;
p(ô)le ;
fr(oi)d ;
p(l)antes ;
n(u)it ;
s(o)leil

B. 1. Canada
3. Nunavut
5. pôle
7. juin
9. jour

2. mois
4. froid
6. nord
8. nuit

15 Le papillon

A.

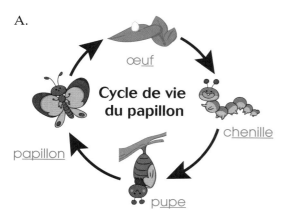

16 Les cinq sens

B. 1. œuf
2. feuille
3. chenille
4. pupe
5. papillon
6. fleurs

A. L'o(d)orat
Le t(o)ucher
La v(u)e
L'o(u)ïe
Le g(o)ût

B. l'ouïe : musique ; oreilles
la vue : images ; yeux
l'odorat : nez ; arôme
le goût : langue ; doux
le toucher : mains ; doigts

C.

17 La Tomatina

A. (Encercle ces mots.)
août ; Buñol ; bizarre ; Espagne ; tomates ; centre-ville ; camions ; fête ; mûres ; célébrer

B. 1. C
2. A
3. B

C. 1. l'
2. les
3. la
4. les
5. le
6. les
7. l'
8. les
9. le
10. l'

D.   (Encercle ces mots.)
   1. La ; féminin
   2. les ; masculin
   3. le ; masculin
   4. les ; féminin
   5. l' ; féminin

18   Mon passe-temps spécial

A.

```
A P A S S E - T E M P S
            I       P
  B A L B U M       É
            B       C
            R       I
  C I T A L I E       A
                D L O G O
```

B.   (Dessin, colorage et écriture individuels)
C.   1. Aimée (part) en vacances en Italie.
   2. Il (fait) soleil en été.
   3. Elle (visite) la tour de Pise.
   4. La tour de Pise (est) grande.
   5. Beaucoup de touristes (montent) dans la Tour.
   6. Aimée (prend) une photo d'elle avec la Tour.
D.   1. nage
   2. dansent
   3. parlez
   4. écoute
   5. pleures
   6. jouons

19   Frère la lune et Sœur le soleil

A.   1. lumière
   2. nuit
   3. seule
   4. reste
   5. vite
   6. fâchée
B.   1. B
   2. A
   3. A
   4. B

C.   1.
   2.
   3.
   4.
   5.
   6.
   7.
   8.

D.   1. Il y a du soleil aujourd'hui. / Aujourd'hui, il y a du soleil.
   2. Le soleil brille fort.
   3. La lune est lumineuse ce soir.
   4. Elle est comme un miroir.
E.   (Réponses suggérées)
   1. Il y a un grand bac à sable dans le parc.
   2. Les enfants font les châteaux de sable.

20   L'horoscope chinois

A.   1. Rat
   2. Bœuf
   3. Tigre
   4. Lapin
   5. Dragon
   6. Serpent
   7. Cheval
   8. Chèvre
   9. Singe
   10. Coq
   11. Chien
   12. Cochon

B. 1. inversion
    2. est-ce que
    3. intonation
    4. intonation
    5. est-ce que
    6. inversion
C. 1. Est-ce que vous connaissez votre horoscope chinois?
    2. Tu crois à ton horoscope chinois?
    3. Est-il né dans l'année de la Chèvre?
D. 1. Est-ce que le Rat est le premier animal de l'horoscope chinois?
    2. Tes parents sont Dragons?
    3. Aiment-elles l'horoscope chinois?

21 Les s'mores

A.

B. 1. Faire cuire la guimauve à l'aide du feu.
    2. Placer un morceau de chocolat sur un biscuit.
    3. Placer un autre biscuit sur la guimauve.
    4. Bon appétit!
C. 1. ils
    2. je
    3. nous
    4. tu
    5. elle
    6. il
    7. elles
    8. vous
D. 1. Bonjour, comment allez-vous?
    2. Qu'est-ce que tu fais, papa?
    3. Tu es toujours ma meilleure amie, Élise.

22 L'origine du nom Canada

A. le Canada : B
    la Chine : D
    le Japon : A
    la Namibie : C
B. 1.
    2.
    3
    4.

C. 1. (Le Canada) est un grand pays.
    2. (Ottawa) est la capitale du Canada.
    3. (Les touristes) aiment visiter la colline du Parlement.
    4. (Le castor) est l'un des symboles du Canada.
    5. (L'Ontario) est une province canadienne.
    6. (L'hiver canadien) fait très froid.
    7. (Le français et l'anglais) sont les langues officielles du Canada.
D. 1. Denise va me rendre visite cet été.
    2. Nous nous sommes installés à Montréal.
    3. Je suis allé à l'école Sacré-Cœur.
    4. Mes camarades de classe étaient aimables.
    5. J'envoie toujours des courriels à mes amis à Montréal.
    6. Ma famille est venue au Canada il y a cinq ans.

23 Le passe-temps de ma grand-maman

A. 1.

2.

3.

4.

5.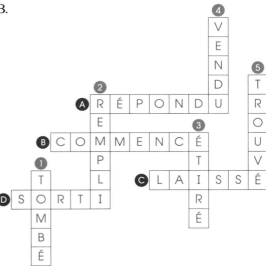

B. (Dessin et écriture individuels)

C. 1. sommes
2. es
3. sont
4. est
5. êtes
6. suis

D. 1. es
2. êtes
3. sont
4. suis
5. est
6. es
7. est
(Écriture individuelle)

24 Miam-miam… la poutine!

A. 1. 60
2. au Québec
3. fromage
4. sauce à spaghetti

B. 1. délicieuse
2. plat
3. différents
4. utiliser

C. 1. fais
2. faites
3. faisons
4. fait
5. font
6. fais

D. B ; D ;
A ; C

25 La mer salée

A. 1. B
2. A
3. A
4. A
5. B

B.

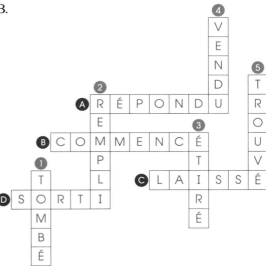

C. 1. cherché
2. aidé
3. mordu
4. rempli

D. Elle a coupé les pommes de terre, les carottes et les tomates. J'ai aidé maman à les laver. Ensuite, elle a ajouté les légumes dans la marmite. Après une heure, nous avons fini notre soupe.

26 Le poignet cassé de Thérèse

A. 1. casque
2. protège-coudes
3. protège-poignets
4. protège-genoux

B. 1. Thérèse s'est cassé le poignet parce qu'elle est tombée de son vélo.
2. Son père et sa sœur l'a emmenée à l'hôpital.
3. Une infirmière lui a posé un plâtre au poignet de Thérèse.

C. 1. parti
   2. rentrée
   3. amusés
   4. nées
   5. arrivée
D. 1. ✗ ; Isabelle est allée à l'école à pied.
   2. ✔
   3. ✗ ; Mes cousins sont venus me voir à Québec.
   4. ✔
   5. ✗ ; Elles sont parties en vacances la semaine
      dernière.
   6. ✗ ; Charlotte et Sophie se sont promenées
      avec leur chien.

27 Quand grand-maman était petite

A. (Dessin, écriture et colorage individuels)
B. 1. ✗
   2. ✗
   3. ✔
   4. ✔
C. 1. jolie
   2. docteur
   3. copain
   4. joyeux
   5. petite
   6. rapide
   7. arriver
   8. léger
D.

28 Félix, un chien spécial

A. 1. spécial
   2. chien
   3. journal
   4. matin
   5. moment
   6. bouche
   7. triste
   8. dimanche
   9. porte
   10. rit
B. 1. porc
   2. ailes
   3. champ
   4. voie
   5. pain
   6. tente
C. 1. cent
   2. on
   3. sont
   4. à
   5. vert ; vers
D. (Dessins individuels)

1 Ma famille

A. (Image et réponses individuelles)
B. (Dessin et réponses individuels)

2 Différentes traditions et célébrations

A. 1. A
2. C
3. B
4. D
B. (Réponse individuelle)

3 Les plats traditionnels

A. 1. des oliebollen ; Pays-Bas
2. des gnocchis ; Italie
3. des pâtés de radis blanc ; Chine
B. (Dessin et réponses individuels)

4 Nos traditions et nos célébrations

A. 1. indiennes   2. novembre
3. cinq jours   4. bougies
5. Lumières   6. kheer
B. A
C.

Fête	Diwali	Hanoukka
Un autre nom	Fête des Lumières	Fête des Lumières
Célébré par	Indiens	Juifs
Activités qu'on fait	décorer leurs maisons avec des lampes et des bougies	allumer des bougies d'une menorah pendant huit jours
Plats qu'on mange	kheer et bonbons à la noix de coco	latkes et sufganiyots

5 Les plats et les choses ethniques

A. 1. D
2. A
3. B
4. C
B. (Dessins et réponses individuels)

6 Les jours spéciaux

A. 1. le 1ᵉʳ juillet   2. l'anniversaire
3. des feux d'artifice   4. le drapeau
5. le 11 novembre   6. coquelicot
7. soldats
B. Les Irano-Canadiens : A ; C ; D ; G
Les Sino-Canadiens : B ; E ; F

7 Les traditions changeantes

A. (Réponses individuelles)

8 Célébrer différemment

A. (Coloriage individuel)
 1. des bougies
 2. un banquet
 3. des cadeaux
 (Réponse individuelle)
B. (Dessins et réponse individuels)

9 La cartographie de nos traditions

A. 1. Algonquin ; Ojibwé ;
 Timmins
 2. Huron et Pétun
B. 1. ancêtres
 2. nord
 3. année
 4. dansent
 5. culture
 6. Canada

10 Notre célébration de l'Action de grâce

A. 1. grâce
 2. cérémonie
 3. explorateur
 4. récolte
 5. dindes
 6. canneberges
B. Aliments : dinde ; sirop d'érable ; sauce aux canneberges ; courges et épis de maïs
 Comment les trouver : attraper ; sève des érables à sucre ; cuire ; cueillir
 (Réponse individuelle)

11 Notre monde

A.

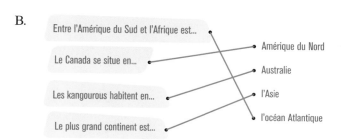

B.

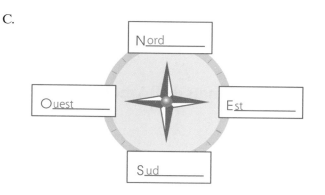

C.

Nord

Ouest

Est

Sud

1. nord   2. est

12 Le globe terrestre

A.
1. l'équateur
2. l'hémisphère Nord
3. l'hémisphère Sud
4. le pôle Nord
5. le pôle Sud

B.
1. pluie
2. forêts pluviales
3. le Brésil
4. nord
5. eau
6. le Canada
7. sud
8. terres
9. le Chili
10. glace
11. l'ours polaire
12. neige
13. le manchot

13 Les climats de l'Amérique du Nord

A.

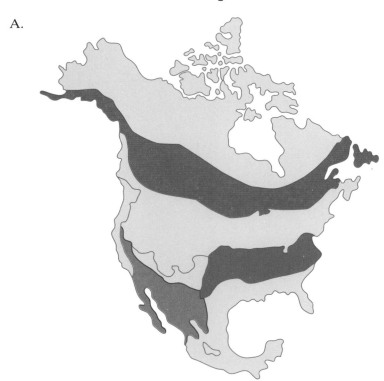

le Canada ; les États-Unis ; le Mexique ;
Le Mexique ; le Canada

B. chaud ; froid ; saisons
1. l'été
2. le printemps
3. l'hiver
4. l'automne

14 Les pays uniques

A.
1. Sud
2. au sud
3. équateur
4. chaud
5. Amazone
6. forêt pluviale
(Réponse individuelle)

B. Nord ; est ; loin ; froid
1. une source chaude
2. un glacier
3. un volcan
4. un geyser

15 Notre pays unique

A. 1. C
    2. D
    3. A
    4. B
B. 1. magasins
    2. indispensables
    3. transport
    4. récréatives
    5. randonnée
    6. ski
C. (Réponses individuelles)

16 Voyager autour du monde

A. 1. Thaïlande
    2. Chine
    3. Mali
    4. Japon
B. La savane en Afrique : pâturage ; arbres ;
    broutent ; C ; F
    La forêt pluviale en Amérique du Sud : pluie ;
    forêt ; vie sauvage ; B ; D
    Le désert aux États-Unis : pluie ; sable ; plantes ;
    A ; E

17 Nos besoins de base

A. (Réponses individuelles)
B. 1. mule ; États-Unis
    2. métro ; France
    3. scooter ; Taïwan

18 Vivre autour du monde

A.

B. 1. viande ; lait
    2. phoques ; nourriture
    3. boulangerie
    4. riz ; poissons

19 Les vêtements et les maisons

A. 1. Delhi, en Inde
2. Lima, au Pérou
3. Nairobi, au Kenya
4. Nunavut, au Canada

B. 1. la brique de boue
2. le bloc de neige
3. la bauge
4. un igloo
5. une maison en bauge
6. une maison en adobe

20 Les sports et les loisirs

A.

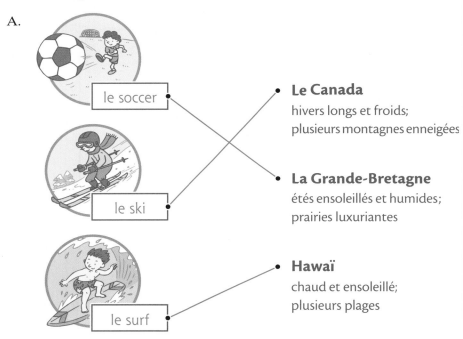

B. Colombie-Britannique : B ; D
Québec : C ; E
Lac Ontario : A ; G
Alberta : F ; H

21 Les produits alimentaires autour du monde

A. oranges : Floride (États-Unis)
tomates : Californie (États-Unis)
kiwis : Nouvelle-Zélande
(Réponses individuelles)

B. 1. Ils sont situés près de l'équateur.
2. Les régions près de l'équateur ont des climats chauds qui permettent aux cultures alimentaires de pousser.
3. chaud ; bananes ; de sol

22 Où habitent les gens

A. 1. Toronto
    2. Montréal
    3. Calgary
    en Ontario

B.

1. La plupart des grandes villes au Canada se situent au sud du Canada, en particulier, en Ontario.
2. (Réponse suggérée)
   La plupart des gens veulent vivre en villes plutôt que dans les régions rurales. Il est aussi parce que la région du sud de l'Ontario est plus chaude.

23 S'adapter à un endroit

A. 1. A
    2. C
    3. B
B. Managua, au Nicaragua : A, D, E, I, L
    Floride, aux États-Unis : B, C, J, M
    Arctique : F, G, H, K, N, O

24 Préserver nos ressources

A. 1. Tous les êtres vivants ont besoin d'eau pour survivre.
    2. La surexploitation d'eau due à des activités humaines, comme l'agriculture, cause la pénurie d'eau.
    3. (Réponse suggérée)
       Asie du Sud

B. A : cultiver notre propre nourriture
    B : économiser l'électricité
    C : détruire les forêts
    (Réponse suggérée)
    L'image C ne peut pas préserver nos ressources parce qu'il s'agit d'abattre des arbres qui sont importants pour les humains et les animaux. Les arbres nous offrent de l'air frais et ils servent d'habitats aux animaux.

1   Les animaux

A.

• ont de la fourrure ou des poils

• enfantent des nourrissons vivants

• nourrissent leurs jeunes avec du lait

B.   1. Les reptiles ; l'alligator, la tortue
2. Les oiseaux ; le perroquet, le rouge-gorge
3. Les amphibiens ; le crapaud, la salamandre
4. Les poissons ; le poisson rouge, le requin

2   Le déplacement et l'alimentation des animaux

A.   1. C   2. A
3. D   4. B
B.   1.

2.

C.   1. un humain
2. un canard
3. un oiseau
4. un serpent
5. un poisson

3   Les habitats

A.   1. d'un prédateur
2. du soleil
3. du froid
4. d'un prédateur
B.   1. un terrier
2. une tanière
3. un perchoir
4. une ruche
5. une toile
6. une hutte
C.   1. B
2. C
3. A

4   La survie hivernale

A.   1. ralentissent ;

2. plumes ;

3. fourrure ;

4. noix ;

B.   1. B
2. A
3. A
C.
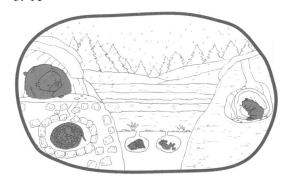

5 La migration

A.

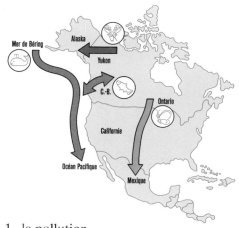

B. 1. la pollution
2. les chasseurs
3. les tempêtes
4. les prédateurs

C.

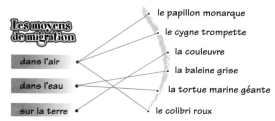

6 Les bébés animaux

A.

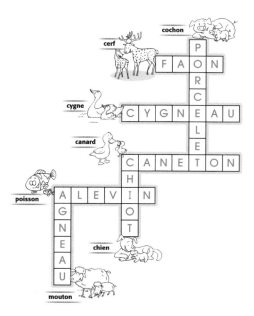

B. 1. E
2. B
3. F
4. A
5. C
6. D

C. 1. A
2. D
3. C
4. B

7 La croissance des animaux

A. 1. 2 ; 1 ; 3
2. 3 ; 1 ; 2
3. 2 ; 3 ; 1

B. brun-rougeâtre
gris-bleuté
blanc

C. 1. la souris
2. le phoque
3. l'oiseau

8 Le cycle de vie

A. la grenouille : l'œuf ; le têtard ; l'adulte
la libellule : l'œuf ; la larve ; l'adulte
le papillon : l'œuf ; la chenille ; la chrysalide ; l'adulte

B.

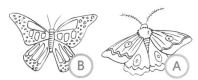

C.

z	x	c	c	v	b	n	m	c	k	j	h	g
m	é	t	a	m	o	r	p	h	o	s	e	s
q			t	e	r	b	u	e	o		x
a		e	o	h	j	p	n	m		v
c	y	c	l	e	d	e	v	i	e	b	n	é
f	g	h	p	u	t	w	e	l	a	r	v	e
a	s	é	r	f	c	l	t	l	y	p	g
r		p	t	u	f	b	e		u
t		u	o	k	d	s	g	h	j	t	y
i	r	e	p	w	q	a	a	d	u	l	t	e
u	i	p	e	l	k	j	g	f	d	s	a	q

9 Le camouflage et l'adaptation

A. (Colorie les animaux suivants.)
1. le tigre ; le serpent
2. le chameau ; le scorpion
3. l'ours polaire ; le renard arctique

B. 1.

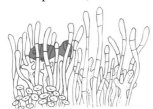

2.

C. 1. un prédateur
2. une proie
3. un prédateur

10 Les propriétés des liquides et des solides

A.

B.

C.

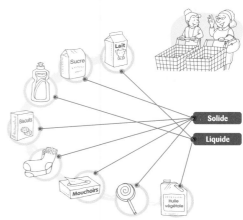

D. 1. liquide
2. solide

11 Plus sur les liquides et les solides

A. 1 ; 3

B.

C.

D. 1. absorbe
2. se dissout

12 Les trois états de l'eau

A.
1. gazeuse
2. liquide
3. solide
4. liquide
5. liquide
6. gazeuse
7. solide
8. solide

B. 1. fondre
2. geler
3. s'évaporer

C.

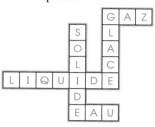

13 La flottabilité

A.

B. 1. bois
2. métal

C.

14 Les symboles de danger

A.

Corrosif
Ce produit peut provoquer des brûlures sur la peau si l'on le touche.

Explosif
Les contenants portant ce symbole peuvent exploser s'ils sont chauffés ou percés.

Inflammable
Ce produit peut s'enflammer s'il est trop près d'une source de chaleur.

Poison
Ce produit peut entraîner la maladie ou la mort s'il est avalé.

B. 1. A
2. C
3. B
4. D

C.

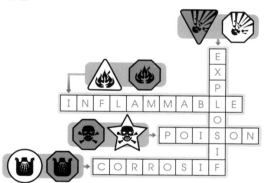

15 L'air qui nous entoure

A. 1.

2.

B.

é	S	t		A	z	u	h	g	S	X
b	r	i	s	e	é	h	a	r	a	g
	k	l	P	q	p	w	r	a	n	c
m	g	é	l	é	h	r	m	n	t	h
o	n	d	z	a	y		a	d	a	i
u	s	g	j	k	r	l	t			n
s	i	r	o	c	c	o	t	v	A	o
s	m	e	v	e	n	t	a	e	n	o
o	o	w		A	j	k	n	n	a	k
n	u	y	W	p	s	i	o	t	u	n
a	n	w	i	l	l	i	w	a	w	v

C.   (Réponses individuelles)

16 L'eau qui nous entoure

A. 1. la rivière
2. la cascade
3. le lac
4. l'étang
5. le puits
6. l'océan
7. la glace

B.

é	g	i	v	r	e	t	n
b	r	u	m	e	t	y	e
g	ê	n	m	è	g	u	i
p	l	u	i	e	k	i	g
ê	e	i	r	o	s	é	e

C.
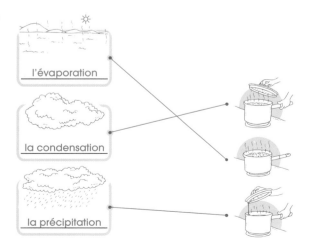

l'évaporation

la condensation

la précipitation

17 L'air et l'eau propres

A.

B. 1.

2.

3.

4.

18 L'énergie

A. 1. sortie ; La sonnette sonne.
2. sortie ; Le jouet mécanique se déplace. ; entrée ; Remonter le jouet mécanique.
3. entrée ; Appuyer sur l'interrupteur. ; sortie ; La lumière s'allume.

B.

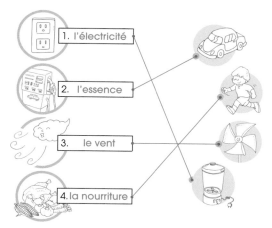

C. l'entrée, la sortie, le mouvement, la nourriture, l'électricité, l'essence, le vent

19 L'énergie de l'eau et de l'air en mouvement

A. 1. v ; C
2. c ; D
3. v ; B
4. r ; A

B. 1. C
2. D
3. B
4. A

C. r ; n ; a

20 Les moulins à vent et les roues à aubes

A. 1. Le vent
2. voile
3. moulins à vent
4. le maïs
5. l'eau
6. scies
7. l'électricité

B. 1. eau en mouvement
2. eau en mouvement
3. eau en mouvement
4. vent
5. L'énergie ne peut pas être produite.

21 Les positions

A.

B. derrière, devant, sur, dans, en dessous de, au-dessus de, à côté de, entre

C.

22 Les mouvements

A. 1. tourner en rond
2. glisser
3. rebondir
4. rouler
5. faire des zigzags
6. se balancer
7. virer

B. 1. E
2. A
3. D
4. B
5. C

C. 1. glisser
2. tourner
3. rouler

23 Les machines simples

A. A : une vis
    B : une cale
    C : un levier
    D : un axe de roue
    E : une poulie
    F : un plan incliné
    1. B
    2. D
    3. A
    4. F
    5. E
    6. C

B.
    Exemples de leviers

C. 1. cales
    2. axes de roues
    3. leviers

24 Les mouvements et les mécanismes

A. 1. qui tourne ; qui se balancent
    2. qui vibre ; qui tournent
    3. qui rebondissent ; qui vibre
    4. qui vibre ; qui tourne

B.

C. 1. cale ; pousser
    2. cale ; tourner
    3. vis ; tirer